U0067190

諮商實務

學習手冊

作者簡介

蕭文（總策畫）

　　國立暨南國際大學輔導與諮商所教授兼所長

郭麗安（諮詢顧問）

　　國立彰化師範大學輔導與諮商學系所教授

程小蘋（諮詢顧問）

　　中台科技大學幼保系副教授

鐘思嘉（諮詢顧問）

　　國立政治大學心理研究所教授

許瑛玿

　　銘傳大學教育心理與諮商學系助理教授

王沂釗

　　國立花蓮教育大學諮商心理學系助理教授

羅家玲

　　國立彰化師範大學輔導與諮商學系講師

劉志如

　　國立東華大學臨床與諮商心理學系副教授

沈慶鴻

　　國立暨南國際大學社會政策與社會工作學系副教授

張學善

　　靜宜大學師資培育中心副教授

鄭麗芬

　　國立台南大學教育學系助理教授

1

陳瑛治
　　弘光科技大學師資培育中心副教授

劉如蓉
　　台中地方法院觀護人

沈湘縈
　　玄奘大學應用心理學系副教授

黃慧涵
　　康寧醫護暨管理專科學校幼保系兼任助理教授

周玉眞
　　玄奘大學應用心理學系助理教授

陳均姝
　　國立彰化大學輔導與諮商學系講師

魏渭堂
　　中台科技大學幼保系副教授

張英熙
　　台北市立教育大學幼兒教育系助理教授

林杏足
　　國立彰化師範大學輔導與諮商學系副教授

管秋雄
　　中州技術學院幼保系助理教授

序言

　　從事諮商員教育訓練工作多年，經常會碰到一個問題，那就是理論和實務如何統整？學生們有這樣的疑惑，為人師者亦然。

　　當學生們要將在教室裡學到的理論概念，放到當事人的身上去應用時，常常是力不從心的，諮商概念的活化實在需要持續不斷的實務經驗累積，方能有朝一日達到人劍合一的境界。教學工作也是如此！尤其在「諮商實務」課程中，如何幫助我的學生就之前所學習到的助人理論與未來在實務工作上所會面臨到的種種問題，先做一初步整合，好讓他們更有信心的踏入諮商專業工作，則是我常常在思考的問題。

　　然而，再怎麼準備都是不夠的，相信從事諮商／輔導工作的同好都深有同感。說是社會變遷快速也好，人心不古也罷，我們所面對的當事人問題，確是日益複雜，似乎不是簡單的幾個諮商技巧就可以解決；常常在研討會場合碰到許多諮商輔導界同好的詢問，即使個案問題不同，但對於問題解決方法的需求都很殷切。

　　或許好為人師的緣故，嘗試將累積多年來的教學經驗，用不同的方式來呈現，「有聲圖書」即是一個創舉。除了因為我們尚缺乏一個自製的、可提供實際觀摩的諮商教材媒體之外，諮商過程的教學實在不是從筆墨的論述就可以傳達它的意旨的，所以我們在課堂中會用諮商技巧和處理過程的示範、角色扮演、錄音（影）帶分析等方式，來幫助學生學習

3

如何做一個有效的諮商員。

在這套也是書也是錄影帶的內容中，我們分別列有諮商技巧總覽（第一單元）、個案問題類型及處理模式（第二至十二單元）、情感轉移（第十三單元）與情感反轉移（第十四單元）、團體輔導（第十五、十六單元）、個案研討（第十七單元）、督導（第十八單元）、心理測驗（第十九單元）和教師心理衛生（第二十單元）。雖然這些單元內容並不能包含所有的問題，但至少我們已開始踏出第一步。

在這裡，我要特別感謝心理出版社總經理許麗玉小姐，當我向她提出「有聲圖書」的構想時，得到她全力的支持與配合；我也要感謝傳奇傳播的導演張康爵先生和他的製作群，他們的敬業精神，使我們在編寫劇本時，一點都不敢馬虎。當然，我更要謝謝編寫劇本的諸位作者們，他們一遍又一遍修改的精神，也容我致上最高的敬意。

最後，我要謝謝本製作小組的三位諮商顧問——鍾思嘉教授、程小蘋教授、郭麗安教授，有了他們三位專業的意見與支持，我們更有動力地一步步往前走；此外，在整個編製拍攝的過程中，我們五位助理——張學善、周玉眞、鄭麗芬、許瑛珛和張貴傑，由於他們的縝密規劃與協調，一切事情變得更加圓滿，我要特別謝謝他們。

「知不足而後學」是做好諮商輔導工作最重要的動力，希望這套書也能成爲您的充電能源之一。

蕭文
謹誌於彰化師大輔導系館
民國八十四年十月

4

目　　錄

1

諮商技巧

許瑛珚

一、前言

　　將近半個世紀以來，諮商工作者一直對於「是什麼使諮商有效？」十分感興趣。目前的研究結果雖然尚未能達到一致性的共識，但其中有一些研究發現卻對實務工作者十分有意義：諮商員的人格特質、工作經驗、理論取向及諮商員和當事人之間的關係與互動經驗等，皆是影響諮商結果的重要因素。其中，貫穿這些因素之間，真正造成積極或消極諮商結果的因素，則是諮商員的能力及其所用技術得當與否。換言之，諮商技術可能是造成諮商有效的要素，亦是諮商成功的重要關鍵。因此，當諮商工作愈趨向專業化，諮商技術就愈形重要。基於此，本文將介紹諮商技術的基本概念、使用時機與原則，期能有助於讀者進行諮商工作。

二、諮商技術

　　Egan（1990）認為助人的歷程就是一問題解決的過程。就此觀點，諮商技巧的運用須隨著諮商員與當事人的互動關係及諮商的進展而有所不同，以促使當事人能經由自我探索、自我了解而達到自我成長或問題解決的目的。以下將介紹七種諮商歷程中重要且基本的技術：

㈠傾聽

　　諮商工作通常是從諮商員的傾聽開始。當當事人前來求助時，諮商員專注的傾聽有助於引導當事人說出他的問題或故事，而且，透過傾聽技術的使用，諮商員表達了他對當事人的接納與尊重——這是完全不同於一般的人際互動經驗。

是以，傾聽技術為建立諮商關係最基本、最重要的媒介，甚至對某些個案而言，諮商員的專注傾聽即可促使當事人將其混亂、傷痛、委屈或不滿的情緒宣洩出來，因而使其情感達到淨化的作用，其問題亦能迎刃而解。

諮商員使用傾聽技術除了提供當事人表達問題的機會，及整理思緒與情感的空間外，諮商員亦可藉此了解當事人：他說了什麼、他用什麼方式說、他為什麼這樣說、他有那些感受等等。值得注意的是，諮商員若無法做到專注傾聽，可能引發下列「副作用」：當事人在晤談過程中可能會愈說愈少或持保留的態度；諮商員可能會導引了錯誤的討論方向；或諮商員過早使用某些策略或不當使用某些技術，因而影響諮商效果。因此，有效的傾聽應包含三部分：

1.傾聽當事人表達的內容。
2.觀察當事人非口語行為，如表情、神態、身體動作、聲調或語氣等，並注意其隱含的意義是否與口語內容相符合。
3.適時給予適當而簡短的反應，讓當事人知道諮商員聽懂了他所說的。

由此可知，傾聽並非只是靜靜的聽而沒有任何反應，諮商員須藉由簡短的口語反應，如「嗯哼」、「是……」、「我懂……」、「這樣子……」，或是點頭等肢體語言，讓當事人知道諮商員正專心聽且聽懂了。一般而言，正確的使用傾聽技術可發揮下列功能：

1.幫助諮商員更加接近當事人的感覺與經驗，而減低誤解的產生。
2.幫助當事人發現自己真正的感覺是什麼。
3.幫助諮商員覺察在諮商中此時此刻當事人真正的需要是什麼。

傾聽技術的運用在諮商情境或一般人際互動過程中隨處可見。例如在錄影帶中，李元元的傾聽行為營造了尊重、接納的有利環境，讓當事人願意傾訴自己的問題；又陳玉芬專注傾聽的態度，讓李元元有聽眾得以舒解心中的鬱悶，且在傾訴的過程中有所領悟與自覺。

(二)結構化

在台灣，很多人對「諮商」是什麼毫無概念或僅一知半解，因此有些當事人可能會抱著錯誤的期待前來求助，有些當事人可能在陌生的諮商情境裡很沒安全感，十分焦慮緊張而難以進入狀況──這些情形對諮商工作將產生不良影響。是以，諮商員有義務於晤談開始階段就讓當事人知道諮商是什麼，諮商員是誰，在晤談中諮商員和當事人都做些什麼，諮商員與當事人各有那些權利與責任，晤談時間有多長，要晤談幾次，以及諮商有那些限制等等，此即為所謂的「結構化」。

結構化界定了諮商的特性、目標、情境、過程及限制。藉由結構化技術，當事人對諮商的過程、功能及限制有所了解，並與諮商員對彼此的權利、責任、角色以及諮商的最終目標形成共識。因此結構化在諮商中的功能有：

1.減低當事人的焦慮及諮商過程的曖昧性。

2.澄清雙方的期待，減少諮商員及當事人之間誤解的產生，促使諮商過程更加流暢。

3.幫助諮商員與當事人知道彼此的權利、角色及義務，而保護晤談的雙方。

例如錄影帶中的示範，李元元忽略了對前來求助的婦人說明諮商的內涵、過程與限制，而未能及時澄清當事人錯誤的期待，以及有效地結構晤談時間，因此造成雙方皆不滿意諮商結果。

是以，結構化是建立諮商關係、進行診斷與干預處理的另一種方法，其使整個晤談變得更有方向性，並提升當事人的心理準備度。然而，當諮商員使用結構化技術時，應留意不以強行告知的方式，讓當事人只能居於被動的角色；相對的，諮商員應給予當事人反應的機會，並能留下共同商討，甚至修改的空間。不同的機構或諮商員會使用不同的方式進行結構化，如有些機構在當事人一進來尋求服務時，即以口頭或文字的方式說明；有些諮商員習慣於與當事人初次見面時，即向當事人適時適切地說明；而有些諮商員會在第一次晤談結束之前，藉由摘要整個晤談過程，向當事人說明。通常，不同的時機進行結構化將有不同的意義與目的：在諮商初期，結構化可減低當事人的焦慮與不確定性，並形成諮商員與當事人之間的共識；在諮商後期，則有助於順利終止諮商關係及處理與晤談終結有關的課題；而在諮商中的轉換階段，結構化有助於諮商員與當事人有充分的心理準備從某一階段進入另一個階段，可以減低模糊的狀態，讓當事人知悉各階段中不同角色及過程的變化，且當事人可主動抉擇是否進入下一個階段。當然，在諮商過程中，當當事人違反晤談的限制及程序、或有一些混淆及誤會產生、或談論到與結構有關的話題時，皆是使用結構化的良好時機。

㈢同理心

當諮商員對當事人的抱怨：「我試過很多次要和爸爸和平相處，可是我就是做不到，那對我來說太難了。」做出下列反應：「你覺得很挫折，你努力不與父親起衝突，但都沒有成功。」，即為同理心反應。同理心，乃是諮商員設身處地，站在對方的立場，去體會當事人主觀的感受、需求、想法等內在經驗的歷程。在此歷程中，諮商員以積極傾聽的態度，進入當事人的參考架構去思考或感受當事人的經驗，以了解當事人所欲傳達的訊息，但卻不陷溺於其中，然後諮商

員再以當事人可接受的詞彙，將自己的瞭解傳達給當事人知道。

　　一般而言，典型的同理心反應包含了簡述語意與情緒反映兩部分，而其在表達的層次上可分爲兩類：

1.初層次同理心

　　主要是諮商員針對當事人表達的感受或經驗做了解性的反應。初層次同理心使用的目的是期能與當事人建立良好關係，讓諮商員獲得更多的訊息，並增加當事人的自我探索的機會。初層次同理心通常使用於諮商初期，諮商員並不挖掘當事人話中隱喩的部分，以避免當事人退縮或否認，而破壞諮商關係。

2.高層次同理心

　　諮商員不僅是對當事人所說的話作了解性反應（初層次同理心），同時亦指出當事人話中的隱喩或當事人未能立即理解的部分。因此，高層次同理心的目的可能是：

　(1)表達當事人言語中暗示的意思

　　　例如錄影帶裡，陳玉芬指出李元元在諮商過程中的無助感與挫折感，已經讓她對自己從事諮商工作失去信心。

　(2)協助當事人擴大視野

　　　例如當事人談到他在公司已工作十幾年，自認爲工作很認眞，考績都不錯，但升遷皆與他無緣。然而，在晤談過程中，諮商員發現當事人十分內向，不善於表達，而且不夠自信。因此諮商員的反應是：「你那麼努力工作，卻沒有受到重用，眞是令你洩氣與難過。從你剛剛的敍述中，不知你覺得你自己除了工作認眞外，和其他人比較起來，你是個怎麼樣的人？會不會比較退縮，使別人不容易注意到你或了解你？」

　(3)協助當事人連結其在晤談中提到之感覺、經驗和行爲

　　　例如諮商員對當事人提到他成績不好之事做出下列反

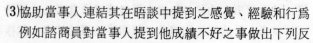

應：「你蠻自責沒有努力準備考試，以至於功課退步。但從剛剛所談的，我發現你無心於功課和你與父親的衝突好像有很大的關係，不知你是否也會想藉此氣氣你父親？」

(4)協助當事人從其所持前提裡獲得結論

例如當事人抱怨自己實在無法忍受老闆不顧他人尊嚴的罵人方式，但他卻又很喜歡那份工作，想要繼續留下來，因而不知如何是好。此時諮商員著眼於當事人「不想離開那份工作」的前題，而提出一些建議：「就你目前的情形看來，解決問題的方法有限。第一，繼續待在你的工作上忍氣吞聲；第二，直接與老闆溝通，把你的不愉快與矛盾表達出來；第三，如果前兩者都行不通，最壞的打算是你只好離開這份喜歡的工作，另找一份類似的工作。」

(5)提供不同的參考架構

例如當事人一直對同性的男孩有偏好，且和某個男孩發展一段特殊的情感，他因此認為自己即是同學口中所謂的同性戀，而感到十分沮喪。諮商員跳出當事人原有的參考架構，就其對當事人的了解，提出另一個思考方向：「我想我可以了解你的感覺，但我並不確定你是否就是同性戀者。在和你談話時，我覺得你似乎非常需要愛和關心，可是你在家裡得不到，因此當你可以得到時，你都會全力去爭取。又，你說你是一個害羞的人，尤其是面對女孩子時，常常會手足無措且不知如何開口和她們交談，因此你可能就更喜歡和男孩子相處。」

諮商初期，運用初層次同理心有助於建立諮商關係，並蒐集資料。然而，當關係已趨於穩定，問題一一浮現，此時若仍繼續使用初層次同理心，則將限制討論的主題仍停留在

當事人思考架構或問題範圍內打轉，那麼諮商可能就不太會有進展，而當事人亦可能會開始質疑諮商的效果。因此，當關係建立之後就適合使用高層次同理心，針對當事人隱含、說了一半或暗示的部分，引導其深入地去探索真正問題的核心，使其對問題情況能有更真確的了解，進而達到有效的問題解決。須留意的是，如果不小心在諮商初期就使用高層次同理心，將容易引起當事人的防衛或抗拒，有害諮商關係的建立，或甚而提早結束諮商關係。

㈣立即性

立即性技術是指諮商員坦誠而直接地和當事人討論此時此地兩人的互動關係。在諮商過程中，當某件事發生而阻礙工作的有效性時，諮商員可使用立即性技術，將諮商員或當事人此時此刻的想法或感覺以口語描述出來。此時，諮商員的目的可能是：讓當事人看清楚他現在正在做什麼、解開當事人未說出的心結、澄清雙方之互動關係、或重新調整彼此的角色。是以，有效的立即性技術，將可改善諮商的動力，增進工作效率，鞏固合作與互信關係，甚而引發當事人的自覺或自我探索。例如在錄影帶的示範裡，立即性技術使李元元澄清了當事人的期待，亦讓當事人知道目前兩人之間的互動情形。而由於李元元坦白、真誠的溝通，讓當事人自覺到「我好像說太多了是不是」，並進而表露其人際間的困擾：「不然怎麼都會有人聽完了，就急著走，說他們不懂，要我來問你們，後來我好像覺得有人在避著我。」

通常，立即性技術可反應出：

1.諮商員目前的想法、感覺或行為

諮商員以「我……」的敘述語句肯定、質疑或挑戰當事人的某些行為或想法。是以，諮商員可能會說：「今天很高興能再見到你。」、「我有些地方沒有聽清楚，能不能請你再說一次？」、「我有點驚訝你和女朋友分手了。發生了什

麼事？」

2.諮商員對當事人目前的行為、感覺提出自己的看法

藉由諮商員反應當事人此時此地的行為，並分享自己的看法，以期當事人能更了解自己，並進而與日常生活的行為模式做連結。是以，諮商員可能會說：「你一直坐立不安，是不是很緊張？」、「連續約了兩次，你都沒來，不知道你是不是很不喜歡來？」、「你的話突然變少了，是不是我說錯什麼話了？」

3.諮商員對目前諮商關係的想法或感覺

諮商員分享自己對目前諮商關係的觀察或感覺，以澄清晤談雙方的情緒或工作狀態，或澄清雙方的期待，以排除一些內在的阻礙，使諮商能順利進行。例如錄影帶裡李元元對婦人的反應：「我聽到你好像是要告訴我，我這樣聽你說是不夠的，你還會希望我能給你一些建議，是嗎？」

使用立即性技術最好的時機，乃在事件發生的當時，諮商員立即反應或給予回饋。然而，在諮商初期使用太多立即性反應，可能會引發諮商員或當事人的焦慮。是以，適時適當地使用立即性技術很重要。一般而言，立即性技術可使用在下列情況發生時：

1.當事人表現緊張、生氣、敵意或遲疑的言語或行為時。
2.諮商員與當事人之間仍有彼此信任的問題時。
3.諮商員與當事人有不同的談話或處事風格時。
4.諮商員或當事人覺得「卡住了」，或晤談失去焦點或方向時。
5.當事人過於依賴諮商員，或對諮商員產生好感時。
6.當事人拒絕接受諮商，或質疑諮商的功能時。

(五)面質

在諮商過程中，當事人可能不自覺的、或是為了掩飾內

心的情感、或是想逃避現實與責任，而出現不一致的言詞、情感或行為。此種不一致可能是當事人話中有弦外之音或是其口語與非口語行為相互矛盾，如當事人語氣平淡地向諮商員訴說其先生有外遇的情形；不一致行為也可能是當事人拋出之「雙重訊息」，其敘述中通常常有「但是」的字眼，如當事人說：「我喜歡具挑戰性的工作，平淡的工作我覺得很無趣……但是辛苦的工作誰喜歡呢？」當當事人出現上述的矛盾訊息或言行不一時，諮商員可使用面質技術，指出當事人態度、想法或行為間不一致的地方，以邀請當事人檢視其行為、感覺或經驗衝突的部份。因此，面質技術的使用能幫助當事人突破自我設限的思考方式，而得以瞭解存在於自身中的矛盾性，發現生活經驗下較深層的想法與情感，或直接面對其有意迴避、曲解的經驗、感覺或行為。

　　有時候，諮商員會害怕去面質當事人，因面質技術使用不當很可能會破壞已建立的諮商關係、傷害當事人、或是造成當事人主動結束諮商關係（premature termination）。然而，諮商員若能視人適時適切地使用面質技術，其將能發揮強而有力的功效。是以，諮商員使用面質技術時須注意：

　　1.以溫暖、關懷態度進行面質，儘可能與同理心或幽默併用。
　　2.使用假設的語氣，讓當事人有下台階的空間。
　　3.盡量使用較普遍、一般化的觀點，以減少當事人的威脅感。
　　4.引用當事人曾經說過的話或做過的事時注意使用的口氣，以避免當事人逃避、否認或產生強烈的情緒。

　　面質技術的使用時機通常在諮商中期之後，即在諮商員與當事人已建立良好與相互信任的諮商關係，及諮商員已充分了解當事人的問題之後。具體而言，面質技術使用的時機為：

1. 當事人表現出矛盾的行為或言談時。

2. 當事人因不願面對某些事實，而故意歪曲事實時。

3. 為了達到某個目的，當事人玩弄把戲、使用詭計或放煙霧，使諮商員看不清楚他的真面目時。

4. 當事人不願面對真正的問題而找藉口逃避時。例如錄影帶中，李元元以「她實在太會講了，我也沒辦法（結束諮商）。」來回應陳玉芬的質疑：「諮商進行一個半鐘頭太久了吧？」，以推卸責任。但陳玉芬指出，最後仍是由李元元主動結束晤談，來面質她言行的不一致，促使她無法逃避責任。

(六)解釋

解釋技術如同面質技術一樣須小心使用，以避免當事人產生負向反應而影響諮商關係；因此解釋技術的使用時機，亦是在諮商員與當事人已建立良好諮商關係後，通常是諮商的中、後期。在諮商中，有時諮商員會試圖提供一個新的角度或另一種參考架構，來解釋當事人的想法、情感或行為，以擴大當事人的視野，或增進自我的了解。使用解釋技術的另一個目的是，為不同的事件（可能是當事人的想法、情感或行為）做因果性的連結或提出可能的解釋。基於上述不同的目的，諮商員可能會使用不同形式的解釋：

1. 為當事人提出的敘述或事件做連結

例如，錄影帶中，陳玉芬將李元元「認為自己所做的和當事人要求不一樣」的敘述，與早先接收到的訊息：「我覺得我的當事人可能對我不太滿意」作一連結，並提出一因果性的解釋：「是不是就是因為她的要求和你當時所做的不一樣，所以會讓你覺得她可能對你不滿意？」此解釋讓李元元找到自己挫折感的來源。

2. 解釋當事人的防衛、抗拒或移情

例如，當事人上學常遲到，上課幾乎都在打瞌睡，若被

11

任課老師責罵後就會翹課，此時諮商員對當事人說：「學校一點兒都不好玩，所以你根本就不喜歡來上學。」以解釋當事人心理上對學校的抗拒。

3.指出當事人的人格組型或行為模式

例如，諮商員說：「你做決定時，常常會考慮別人怎麼想，而不是考慮你真正要什麼。」指出當事人的行為模式。

4.解釋當事人話中的弦外之音或是自己亦不清楚的部分

例如，諮商時，當事人帶來一個小禮物送給諮商員，她說那是她在夜市上發現的。此時諮商員以「當你喜歡一個人時，你會變習慣送一些小東西給他，是嗎？」解釋當事人的行為所代表的意義。

(七)具體化

諮商員以適當的詞句，引導當事人針對特定的問題進行自我探索，或討論其所表達之經驗、行為或感覺，是為具體化技術。換言之，具體化，就是使敘述能涉及「人」、「地」、「時」、「事」、「物」等層面，使晤談從一種模糊不清的狀態趨於特定而明確，或使廣泛沒有方向的晤談，變得較窄化而有方向，而導致對問題的真正了解。例如「我覺得人生很乏味」即為一模糊的敘述，諮商員若使用具體化技術加以詢問：「發生了什麼事，讓你覺得人生乏味？」，當事人可能會回答：「女朋友要求分手，而工作也做不好，又被老板K，人生這樣還有什麼意義？」而使得問題更明確。

因此諮商員與當事人互動時，用詞應盡量具體，才能使當事人在探索自我時，學到具體的方式表達其經驗、行為與感覺。簡言之，幫助當事人以具體方式進行晤談有下列三種方法：

1.諮商員本身應儘量以具體的方式表達自己的意見或感覺。

2.引導當事人談論特定的問題或方向，不允許當事人做跳

躍性的談話或漫談。

3.以具體的開放式性問句，如「什麼」、「何處」、「誰」、「如何」、「怎麼」、「多少」或「那一個」等，來詢問當事人某些特定的資料，或澄清其表達模糊的部分；然而，使用的問句中儘量少用「爲什麼」。

在諮商過程中，具體化是很重要的技術，有助於增加諮商的嚴謹性，而不會徒然耗費時間與精力於沒有建設性的行動。因此，當當事人的談話省略或刪除某部分的內容時，如「我哥哥最棒」、「他們總是跟我過不去」；或當事人可能扭曲或誤解他人的語意時，如「我知道他不愛我」、「他一皺眉就使我生氣」；或當事人將很多事件類化爲同一意義，但缺乏足夠的資料下此結論時，如「他總是和我唱反調」、「我太太要去工作，她不愛我了」，諮商員即須使用具體化技術將模糊的討論導引至特定、清楚的主題上。

例如在錄影帶中，當陳玉芬關心地詢問李元元在晤談中遭遇到什麼困難時，李元元的反應是：「眞不知道要從何說起？」顯示李元元當時的思緒可能很混亂，一時之間眞的不知道從何說起或如何說才好。此時陳玉芬使用了具體化技術：「你們談話的時候 cl 說了什麼或做了什麼，讓你覺得做不下去？」，幫助李元元將思考的方向縮小到「在晤談中發生的事件」。

三、結語

諮商技術是達到諮商目標的工具，學習各種技術的內涵及使用原則自是諮商員必經之路。然而，事實上，技術是死的，就像是數學公式，即使會背了，但是不會運用，數學還是學不好，諮商技術亦然。在諮商中，諮商員要面對的是具

有獨特思考模式、不同生活型態、及各種溝通方式的人，缺乏使用技術的能力將難以進行諮商工作。是以，靈活運用諮商技術，在不同的情境，不同的時機，適當地使用，方能協助當事人自我探索、解決問題，進而完成諮商目標。

➡參考書目

張麗君（民84）：諮商員之解釋型態與當事人心理抗拒程度交互影響作用之探討。國立彰化師範大學輔導研究所碩士論文。

蕭文（民83）：輔導的概念與應用。葉學志主編：教育概論，頁391－422。台北：正中書局。

蕭文（民82）：諮商員對當事人情感轉移的知覺與反應模式之分析研究。彰化：欣欣出版社。

蕭文（民80）：諮商歷程與諮商績效之研究。學生輔導通訊，*12*，10－13。

張秀玉（民83）：面質技巧影響專科生對諮商員效能評估之研究。國立彰化師範大學輔導研究所碩士論文。

黃惠惠（民82）：助人歷程與技巧（增訂版）。台北：張老師出版社。

高明薇（民82）：解釋技術初論。諮商與輔導，*92*，38－40。

Brammer, L. H., Shostrom, E. L. & Abrego, P. J. （1989）. *Therapeutic psychology*：*Foundmentals of counseling and psychotherapy*. New Jewsey： Prentice －Hall.

Cormier, W. H. & Cormier, L. S. （1991）. *Interviewing strategies for helpers*. CA：Brooks / Cole.

Day, R. W. & Sparacio, R. T. （1980）. Structuring the counseling process. In W. Dryden （ed.）. *Key issues for counseling in action* （pp.17—25）. London：SAGE Pub.

Egan, G. （1990）. *The skilled helper*. CA： Brooks / Cole.

Hill, C. E., Helms, J. E., Tichener, V., Spiegel, S. B., O'Grady, K. E. & Perry, E. S. （1988）. Effects of therapist response modes in brief psychotherapy. *Journal of Counseling Psychology, 35*（3）, 222—233.

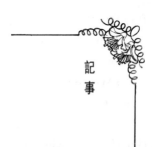

記事

16

2

自我瞭解

王沂釧

一、前言

　　我是誰？誰是我？我要做什麼？我的未來在那裡？我的價值觀？我的人生態度？……「我」是什麼？和這個「我」朝夕相處了十幾二十年，對它的認識應該是非常熟稔了；其實，我們對自己所扮演的角色仍然有許多疑問。

　　當我們在思考「我是誰」的時候，常會以自己的性格、能力、興趣、人際關係、與環境互動等生活經驗裡，形成對自己的主觀看法。C. Rogers 認為我們常常以這樣的主觀看法來解釋自己的一舉一動，而且相信這個以自我概念（self－concept）所形成的就是真實世界。

　　像青少年，有時候會在心裡深深地認同父母、同學、或心中的偶像、明星球員的優異表現，期望自己也能夠像他們一樣的傑出，甚至模仿他們的行為習慣。像這樣在心理上認同自己所要扮演的社會角色，S. Freud認為開始於幼時對同性父母的性別角色行為的學習、模仿以至自我的認同（self－identity）。

　　不過從生活中的例子可以發現，我們最常以身體的特徵來認識一個人，也很在乎別人對自己身體的特徵有什麼樣看法。從身體意象（self body－image）的主觀看法裡，可以反映出一個人對身體特徵的接納態度，及如何看待自己。

　　可見自我的認識，是要在長期的生活經驗當中逐漸形成，而且和生活的社會環境有很密切的關聯（Adams & Gullotta, 1989）。在哲學的討論上，「自我」通常被指為認知的客體（self－as－known），亦即自己（me）就是我（I）所要瞭解的對象。在瞭解自我的過程中，我們常常會從自己的身體、別人對我的印象和期待、人我關係、心理想像……等各種管道來瞭解「我自己」。

18

在心理學的相關研究中也發現，受試者的自我概念、對自我接納的程度、身體意象、自尊（self esteem）等認識和接納自我的程度，與個人生活適應有密切的關係。例如對自己各種特徵和能力表現能夠悅納的人，通常感覺生活快樂、充滿自信、能適宜地控制情緒、有愉快的人際關係。可是有些在經常遇到衝突、挫折，很少成功經驗，和自我的理想與現實世界差距太大的人來說，自我概念常會是負向的認識。研究結果也發現，對自我不瞭解或自我概念差的人，在生活中情緒不能得到適當地宣洩，常感到自卑、沮喪、憂鬱，有的人還會過分的以自我為中心，表現自大的行為，個人適應和社會適應都很差（黃慧真譯，民78）。

同時心理學家也普遍的認為，發展自我認同和統整的個人意象，是青春期的重要學習任務，也是青少年成為獨特個人的關鍵時期（Atkinson, Atkinson, Smith & Hilgard, 1987；Craig, 1989；Shaffer, 1993；Steinberg, 1989）。自我認同是能夠接納自己的身分角色，或者是所處的社會地位，並且對個人未來的生涯規劃，有一具體的發展目標。統整個人意象是青少年能夠包容不同人對他的印象和期待，也能根據現實的條件，適宜彈性地調整自己的理想，成為一個獨特、健全的個人。所以，若能引導青少年正確樂觀地認識自己，會是心理衛生的推展的重要工作。

這幾年國內青少年犯罪問題及偏差行為嚴重的現象，引起大眾的關心。許多學者對青少年飆車、吸食安非他命、勒索搶劫、暴力犯罪等反社會行為，有一些共同的看法：如青少年常是集體地行動，或是從眾行為、學業表現普遍不佳、部分家庭生活不美滿、和瘦弱的身體特徵等等。針對這些情況，本文提出幾篇相關研究結果，藉以瞭解影響自我觀念發展的相關原因。

二、影響自我認識的相關因素

(一)與同儕的社會關係

　　青少年常常會做一些誇大的動作或是參加集體的行動，我們深入瞭解其心理動機，可以發現他們無非是想獲得同伴的接納（「我們是一夥的」）和認同（「我是一個很厲害的人」）。比較其他人生週期的發展任務，青少年特別需要同伴們的接納和認同（Adams & Gullotta, 1989； Atkinson et al., 1987； Shaffer, 1993）。這種休戚與共的感覺，反映出在青春期階段中需要一股強烈的歸屬感。

　　因為愛與歸屬感是人類基本的心理需求，我們的生活也因為和周遭的人發生密切的關聯，才能得以充分發展潛能和健康地成長，這對處在「風暴狂飆期」期青少年是特別重要的！

　　同樣的，歸屬感也提供我們社會生活所憑藉的價值觀和生活目標。就以一般青少年學校生活經驗為例，學校裡有師生的關係、同學關係、課外活動等，青少年可以在學習和參與的互動過程中，漸漸地認同一些屬於團體、合乎個人喜厭好惡的價值觀念，也構築個人未來升學或就業的理想目標。姑且不論青少年認同的活動、職業興趣或是生活方式，是否為家長、老師或成人社會的價值觀念所接受，青春期的同儕社會關係，是影響青少年自我觀念發展的重要因素。但是，青少年若失去與同學、手足、社團等社會關係的聯結，很容易陷入寂寞或沮喪的情緒，若沒有適時的輔導予協助，長期下來的結果將致青少年與同儕疏離，對自己會有消極負向的看法，甚至否定、排斥自己的存在意義。

　　因此，我們不難瞭解青少年的社會關係和歸屬感對自我

觀念發展的重要性。特別注意的是，青少年社會關係的發展不只是侷限在家庭、學校、同學、社團之內，其他如目前社會時興的球類、舞會育樂活動、社會義務服務、宗教或教會活動、打工等可以與社會聯結的一般活動參與，皆是青少年重要的社會關係。從這些年長、成熟的學習伙伴，和志同道合朋友的開導和鼓勵對自我的瞭解很有幫助。

(二)學校學業表現的因素

從簡單的刺激反應的學習原則不難瞭解，成功的學習經驗將帶給人快樂、自信和成就感，也是刺激我們實現理想的最大增強物（reinforcement）。因此，在有關青少年自我觀念的研究中，皆發現學業成績的表現和其自我概念間有關聯（ Hattie, 1992； Hollland & Andre, 1994 ），而且是學業表現不錯的學生，通常對自己會有較健康、正向的自我評價。

我們從許多實際案例發現，多數發生偏差行為之青少年的功課成績不理想，普遍是對學校生活不感興趣，或是有較多失敗的學習經驗、缺少愉快的成功經驗。若能進一步地與學習表現不理想的學生談談，我們會發現學習策略、學習動機、抱負水準、挫折容忍力情形，都會影響青少年的學業表現，直接或間接地對自我的瞭解有相當大的影響（ Adams & Gullotta, 1989； Steinberg, 1989 ）。例如：

1. 成就動機高但是作業表現不理想者，對學業表現或評鑑易感到害怕、退縮、失望。
2. 成就動機低卻有不錯的表現者，易形成自大的心理。
3. 因為不切實際地高估了個人能力，對學業表現的抱負水準高，或一時失常，致作業表現很不理想者，容易造成失敗挫折、自貶的自我觀念。
4. 抱負水準雖低，但是有不錯的作業表現，可以引發學生很高的成就感，和健康正向的自我觀念。

5.挫折容忍力高，對於不理想的學業表現者，仍然會持續努力學習，展現獨立的自我觀念。

6.挫折容忍力低者，最不能承受自己在學習表現的失敗，同時可能發生憂鬱、憤恨、狂躁等心理適應上的困難、喪失自我的價值感，自我觀念的發展不良。

家長、學校老師除了鼓勵青少年專心地學習、提高學習動機和指導較佳的學習方法外，輔導人員更可以從青少年個別差異的適應狀況，提供深入的協助。例如在諮商過程中，我們需要瞭解當事人的抱負水準或學習目標是否過於理想化、不切實際，對自己的科系興趣或職業性向是否瞭解，以及面對課業壓力所採取的因應技巧（coping skill）是否合宜等，一些和自我瞭解與適應有關的課題，才能提出適性的諮商策略，幫助青少年能有彈性地從不同的層面及規劃自己的學習生活，建立健康的自我觀念。

㈢家庭成員的互動的影響

青少年的家庭生活情形，也是影響其生活適應和自我觀念發展的重要因素。一方面可能是如Grinder（1978）所指的，在青春期的發階段裡，青少年與同儕相處互動的時間增多、社會人際互動範圍擴大了，發展出屬於他們自己的價值觀、行為模式等青少年次文化，漸漸脫離或排斥屬於父母成人所代表之社會標準。家庭代溝所造成的親子衝突對立的關係，易致青少年有強烈排斥或挑戰權威的自我中心觀念，甚至對人冷漠和反社會行為。

另一方面，例如在吳金香（民68）和吳秀碧（民70）的研究中指出，犯罪少年之自我觀念要較一般少年差，以事後回溯的研究方法比較其家庭生活情形，發現他們的父母多採取嚴厲、冷峻、排斥或矛盾不一致的管教態度。從家庭系統功能運作情形，我們也可以瞭解手足間的衝突競爭情形，和

家庭成員間相互的排斥，例如常遇到青少年抱怨父母對他們說：「你已是大人了⋯⋯」、「你還是小孩子，不可以⋯⋯」的矛盾等，都會造成青少年的困擾。

須要特別注意的是，從父母離婚之單親家庭相關研究結果發現，父母間經常發生爭吵的婚姻關係，是導致青少年情緒低落、課業表現不理想、負向消極的自我概念、社會關係適應不良、甚至反向地過分投入課外活動之主要原因（王沂釗，民83；黃德祥，民71；謝麗紅，民79；Garber, 1991；Hetherington, Cox & Cox, 1979）。

所以，緊張的家庭關係會是造成青少年適應不佳的主要原因之一，在增進青少年自我瞭解的同時，輔導人員需要瞭解當事人的家庭生活情形，協助當事人能發展獨立和積極的自我概念；有時可能需要進行深入的家族治療，讓家庭成員共同關心每個人的成長。

㈣身體健康情形的影響因素

生理的變化在青春期階段中最為明顯，但是青春期發育時間的快慢，及身體外型變化所形成的身體意象，都會影響青少年在青春期自我認同之心理發展（周玉眞，民81）。

例如：早熟的男孩受到同儕團體的重視，社會關係適應比較好，對自我的評價也比較高；而青春期發育較慢或身材瘦小的男孩，常會受到同儕間的嘲弄，或被限制參加一些活動。然而早熟的女孩卻在同性同儕間的人緣較差，多受自我意象和情緒上的困擾；發育較慢的女孩因為受到父母家人的關愛和較長的適應期，對自己有比較開放的認識和樂觀的自我觀念（張春興，民72；Adams & Gullotta, 1989； Grinder, 1978； Steinberg, 1989）。

一般而言，在社會人際互動經驗中，身體健康欠佳、傷殘、痴傻、肥胖、不具吸引力的外貌或身體意象較差之青少年，通常比較會有負向的自我觀念（周玉眞，民81；Adams

23

& Gullotta, 1989； Hattie, 1992）。因此我們不難瞭解，很多青少年爲了能引起眾人的注意（如前述被團體認同或接納的心理需求），會花很多時間和金錢作服裝及造型打扮的設計，而一些不滿意自己身體發育情形之青少年，則常會找藉口避開與人群的接觸。

在諮商的實務上，輔導人員需要協助當事人能夠悅納自己的各項特質，並且能適時地發揮個人的才能，而不是將焦點放在個人的外表上。

除了上述幾個影響自我觀念形成的因素外，張春興（民72）指出青春期少年的情緒起因不明顯，而且常以直接的方式表達自己不愉快的情緒和心情感受。例如，意志消沈的青少年會表現出沮喪、憂鬱的情緒，經常懷疑自我的價值，也有可能以激烈的方式表達極欲獲得自我控制感（self control），如自殺。有強烈自尊心的青少年，也有可能會採取激烈的叛逆行動，如惡言頂撞父母、師長以補償個人的自我價值感（黃慧眞譯，民78）。因此，學習適宜地表達個人情緒，也是在諮商過程中，需要注意的內容。

三、如何增進對自我的瞭解

從這些影響自我認識相關因素的瞭解，可以發現輔導人員需要從青少年所處的社會環境、與同儕團體的社會人際關係、在校學業表現、科系興趣、職業性向、身體發展特徵等不同生活層面，來協助青少年對自我的瞭解。

將青少年關心的生活話題，應用在增進自我瞭解的諮商實務上，最能引發青少年的做自我探索的興趣。以下幾個方法，提供輔導人員參考：

1.安排系列的主題活動，例如邀請名人專題演講、安排大

哥大姊或校友座談等豐富活潑的內容，或者，輔導人員可以就個人成長的經驗和當事人分享，讓青少年能夠體會每個人在成長過程中，都是經過一番努力和學習的。

2. 靈活地使用心理測驗，讓青少年可以從客觀的評量結果，瞭解自己的心理特徵、職業或科系興趣，也可以根據這些性格對照的分析，指導青少年如何發揮個人的潛能，並能夠悅納自己的特質。輔導人員還可以將測驗的各項結果，和當事人主觀的自我觀念作比較，就其中的同異處，了解個人的理想和現實之間是否有太大的差距，並協助當事人如何訂定一個有彈性的目標。

3. 輔導人員可以安排並鼓勵當事人參加像自我成長、自我肯定訓練、人際關係練、職業興趣探索……等以探索自我為主題的小團體活動。因為，藉由團體領導員的催化，漸漸地成員們可以真誠地互動、提供回饋，可以增進當事人覺察自己的情緒和經驗感受，進一步地認識自己。

4. 輔導人員可以利用行為改變技術，在當事人對自我瞭解上有不錯的表現時，給予適當的獎勵，以鼓勵並增強他們繼續能有積極良好的表現。同時依據個別差異的情形，安排適當的學習活動，讓青少年有機會感受愉快的成功經驗。

5. 介紹適合青少閱讀的名人傳記、勵志小說、增進自我概念的心理書籍，若能配合班級座談方式，和同學分享個人的學習心得，會是一項很好的「理論結合實務」的成長收穫。

6. 鼓勵青少年多參與班上的活動，像清潔活動、比賽、郊遊活動等，或是投入義務性社會服務工作，從實際的社會服務經驗當中，能夠關心他人，產生與社會聯結的歸屬感。

7. 輔導人員對當事人的溫暖接納和真誠地關懷，是青少年

學習的最好典範,例如適時地宣導身體保健的方法,注重自己的外表,也要能夠多充實個人內在涵養、主動對人關心等。

四、諮商輔導應注意事項

自我的瞭解是一個漸進的成長過程,在進行協助青少年增進對自我認識的同時,輔導人員可能需要注意幾個原則:

1. 諮商目標應在協助學生潛能的充分發展,輕鬆的接受各種歷練,不要侷限在解決當前的學業表現不佳、情緒困擾、或行為問題。在晤談過程中,輔導人員要幫助當事人發現自己的能力和興趣,一起分享他的快樂成就經驗,讓當事人也能夠欣賞自己的優點和特長,漸漸地建立自我的價值感。

2. 在晤談當中非常需要尊重當事人對生活周遭環境的主觀意見,不要否定和批評當事人的看法,才能同理當事人目前的需要,和建立一個同盟的諮商關係。

3. 青少年因為心智尚未成熟,常會誇大了個人的能力,對聯考的升學目標或未來的理想懷有憧憬。所以,晤談時需要注意當事人的能力是否能配合現實條件,如學歷能力、身體健康情形、環境限制等。可以建議當事人先訂立實際可行的基礎目標,建立成就感,再漸次提高個人的抱負水準。

4. 必要時應與家長、班級導師主動聯絡,瞭解學生在家庭的生活情形和同儕關係,共同關心青少年的心理發展。有關家庭適應或婚姻問題的諮商,則可以請教有關社區心理衛生機構或轉介個案。

誠如前言所述,我們會一輩子不斷地問自己「我是誰?

」，認識自我也會是一門需要不斷進修的功課，讓我們以輕
鬆、愉快的心情來協助青少年修好基礎的工夫。

↓參考書目

王沂釗（民83）：家庭結構、家庭關係與青少年生活適應之
　　分析研究。國立彰化師範大學輔導研究所碩士論文。

吳金香（民68）：父母教養方式與國中學生自我概念的關
　　係。國立臺灣師範大學教育研究所碩士論文。

吳秀碧（民70）：父母管教態度與犯罪少年自我觀念之關係。
　　教育學院輔導學報，4，135－158。

張春興（民72）：成長的自我探索。台北：東華書局。

黃德祥（民71）：父母離婚兒童之自我觀念、焦慮反應、學
　　業成就，及團體諮商效果之研究。國立台灣師範大學輔
　　導研究所碩士論文。

謝麗紅（民79）：多重團體諮商對父母離異兒童家庭關係信
　　念、自我觀念及行為困擾輔導效果之研究。國立彰化師
　　範大學輔導研究所碩士論文。

周玉真（民81）：青少年的身體意象滿意度與其自我概念、
　　班級同儕關係之相關研究。國立彰化師範大學輔導研究
　　所碩士論文。

黃慧真譯（民78）：發展心理學。台北：桂冠圖書股份有限
　　公司。

Adams, G. R. & Gullotta, T. （1989）. *Adolescent life
　　experiences*. Pacific Grove, CA： Brooks／Cole.

Atkinson, R. L., Atkinson, R. C., Smith, E. E. & Hilgard,
　　E. R. （1987）. *Introduction to psychology* （9th ed.）.
　　FL： HBJ Publisher.

Craig, G. J. (1989). *Human development* (5th ed.). New Jersey : Prentice Hall, Inc.

Garber, R. J. (1991). Long—term effects of divorce on the self—esteem of young adults. *Journal of Divorce & Remarriage, 17,* 131—137.

Hattie, J. (1992). *Self—concept.* NJ : Lawrence Erlbaum Associates, Publishers.

Hetherington, E. M., Cox, M. & Cox, R. (1979). Play and social interaction in children follwing divorce. *Journal of Social Issues, 35,* 26—49.

Shaffer, D. R. (1993). *Developmental psychology : Childhood and adolescence.* CA : Brooks / Cole Publishing Company.

Steinberg, L. (1989). *Adolescence* (2nd ed.). NY : Alfred A. Knopf, Inc.

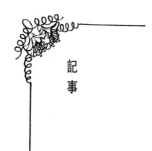

記事

3

異性人際社交技巧

羅家玲

一、前言

　　談「情」說「愛」一直都是國、高中生的最愛。不僅學生常提出類似的問題如：「老師，你贊成國中生談戀愛嗎？」、「老師，喜歡和愛有什麼不同？」、「老師，我很喜歡他，怎麼辦？」，甚至，因為異性交友問題而情緒受困、課業受挫者也不在少數。最近研究（蔣桂嫚，民82；江承曉，民84）也指出異性交友事件是國內青少年生活壓力四大來源之一，顯示當前青少年兩性關係應該更受重視的事實。儘管社會風氣已較過去開放不少，而專家學者也不斷呼籲，面對青少年的兩性交往，應以疏導代替禁止，但當學生們出現各種問題如：單戀、失戀、婚前性行為、未婚懷孕等等時，身為教師或學校輔導工作者，也真有需要集思廣益、共謀良策的時候。

　　不同的年齡階段有不同的人生課題、不同的學習需要。在諮商輔導工作上，無論面對的對象是老人、兒童、青少年、成人、男性、女性……，都有其發展上的特色。因此，在提出有效的輔導方法之前，必須先瞭解他們發展階段上的特色、心理因素、環境影響等條件，才能擬出有效的輔導方法。

　　本單元擬討論青少年的發展特色對其兩性關係的影響並提供輔導策略，俾使老師及實務工作者們面對青少年兩性問題時，有更適當的觀念及態度，協助孩子們度過一個無怨無悔的青春歲月。

二、青少年的發展特色

　　此時期的青少年，生理發展是迅速且全面性的，尤其性器官的發育和成熟與第二性徵的出現最為顯著。因此，受到性器官與其他生理器官的成熟，及荷爾蒙分泌的影響，男性的性衝動、女性的性驅力也隨之提高。男性容易因受圖片、電影或其他媒體的影響而提高性衝動；女性則容易有浪漫的性幻想。雖然性幻想具有性紓緩的功用，但過度的性幻想易產生與異性相處上的困難。由於生理的影響，我們不難了解，為什麼這時期的孩子變得特別注意外表、特別愛漂亮起來，或是喜歡觀看異性但卻容易害怯；甚至不乏連上課時間都會忍不住要攬鏡自照，關心一下自己的髮型、青春痘；或者喜歡穿著奇裝異服與同儕較勁一番。當然，上課就容易分心或心不在焉。這些看似稀鬆平常的行為表現，其實難免與生理因素有關。

　　在心理方面，孩子剛剛度過如心理學家 S. Freud 所說的「潛伏期」，而進入「兩性期」。亦即孩子生活的世界、關切的主題開始跨越單一性別的國度，正準備拓展疆土，伸向另一個新鮮陌生的異性世界，於是開始對異性好奇敏感，易被異性吸引。換言之，孩子的世界開始逐漸擴大，不僅在自我探索，也在性別角色發展的旅途中尋找自己，以讓自己更肯定的知道：「我是誰？」、「我可以／不可以做什麼？」。這種觀點正是另一位心理學家 E. Erikson 強調的「發展任務」。依據 E. Erikson 的看法，人生可劃分為八個年齡階段，每階段有不同的發展任務，而青少年階段面臨的發展任務是認同（identity），否則就可能有認同混淆（identity confusion）的危機。因此，對即將進入成人世界的青少年而言，需要達成的任務就是為個人的角色行為找到一張藍

圖。換言之，孩子企圖透過行為的試探、經驗上的體會來找尋自己，為自己定位。所以，當我們看到青少年容易在異性面前表現各種誇張或冷漠的行為時，那只是他想從他人的反應來確定自己的角色行為，肯定自己的能力與價值的一種表現方式而已。而在此試探階段所表現的性別角色行為，可能過於生澀緊張或超越其年齡應有的表現方式，正表示他有學習和試探的需要，藉此歷程找到適當的性別角色行為。

在認知方面，相對於其他階段，青少年時期的認知特色之一就是「自我中心主義」（ego－centrism）（David El-kind），他們不容易區分自己與他人的差異，總以為自己如此，他人勢必與我相同。而且，自我中心的特徵還包括「想像的觀眾」（imaginary audience），以為自己是眾所矚目的明星，想像自己無時不刻的正是大家欣賞的焦點；另一個特徵是「個人神話」（personal fable），過度相信自己的情感與思想是與眾不同、獨一無二的存在。因此不難想見如「只要我喜歡，有什麼不可以？」、「不在乎天長地久，只在乎曾經擁有。」等似是而非的觀念將如何影響他們的兩性關係。

在社會環境方面，社會化（socilization）常被認為是青少年性別角色的形成的重要過程。隨著生理成熟而逐漸具有成人般外型的同時，青少年也被期待必須具有成人社會所需具備的知識、技能與角色行為。而影響青少年學習其性別角色的社會性因素有哪些呢？

(一)父母

父母是青少年成長過程的重要他人，當他們向父母親認同的同時，即接受、模仿、學習父母的價值觀、行為模式、行為表現等等，無形中也被塑造出個人的性別角色。學者Berkvity就曾說：父母是青少年關於「性」最早和最重要的影響來源。家庭的溝通型態、父母的管教態度、家庭型態等

都對青少年在關於「性」的發展上有深遠的影響（楊麗英，民82）。

(二)同儕團體

　　當孩子年齡愈長，受同儕影響的程度愈高，尤其在青少年階段達到高點。這同時意味著他們對於追求獨立的期望。因此，與同伴討論與異性有關的話題、與異性的成群聚會、約會，成為此階段青少年兩性交往的特色。同儕也是彼此相互支持的來源。值得注意的是根據研究（Baumrind, Diana）顯示：疏離家庭和行為不當的青少年比相對條件的青少年，更易受同儕的影響。換言之，除非父母、家庭放棄關心及重視青少年，否則父母與家庭仍是青少年重要的影響力量。但是，同儕團體的影響力在青少年階段的生命中，開始比過去重要，顯示除父母外的另一影響青少年的重要因素不容忽視。根據調查（晏涵文，民80），60.46％的學生表示，其國中時期性知識的主要來源為同儕、朋友、色情書刊和錄影帶等。而由同儕處所得的性知識常是似是而非、道聽塗說的觀念。

(三)大眾媒體

　　由於資訊工業的進步快速，大眾媒體如電視、電影、廣播、報章雜誌等對生活的侵入無遠弗屆。尤其臺灣自解嚴之後至開放電視頻道迄今，琳琅滿目的資訊，隨時叫人目不暇給。大眾傳播媒體在有形無形中，散播有關性別角色、性觀念、性意識、性關係、性態度等等資訊，對青少年影響不可謂不深。明顯的例子如 McArthur 和 Resko 曾經分析約二百個電視商業廣告，男性模特兒常以產品的知識權威及專家形象出現，而女性模特兒則較常以產品的愛用者出現；而在廣告訴求上，男性較常是提高社會地位與事業成功，女性則是以獲得人際關係較多，無形中也為青少年的性別角色塑造刻

板印象。

(四)學校

學校不僅是青少年獲得知識的主要場所，同時也提供了一個小型社會的縮影，以供學生學得除知識外的學習，例如人際關係、兩性關係便是其一。但有關「性」或「兩性」的課題在目前課程設計中，分散在健康教育課、輔導活動課、公民、生物、家政課，未見統整、邏輯順序的課程規劃（晏涵文，民80）。然而，學校是青少年每日活動最久的場所（平均每一學生每日在校時間長達九至十小時），黃必嵥（民82）認爲透過整個國民中學課程，實施「兩性教育」以端正兩性關係是當務之急。由此看來，學校教育在此問題上可努力的空間自不待言。

認識青少年階段的生理、心理、認知、社會性因素等發展特色，有助於身爲教師及實務工作者能設身處地的體會青少年的需要爲何？可著力的的方向何在？俾能針對當事人的特質，擬訂有效的輔導策略。

三、輔導策略上的建議

(一)認知方面

1.加強性教育的實施

從研究與現實情況來看，發現時下青少年性行爲較過去開放，但性知識並未相對提昇的現象，而且對性的認知與價值觀亦非全然正確（黃德祥，民82；楊麗英，民82）。所以，加強性教育成爲青少年兩性教育的重要課題。蕭文（民78）指出，性教育應是探討人自出生到身爲父母的全部歷程，所以性教育應是人生教育。它至少應含以下內容：

(1)認識身體及生殖系統的介紹

(2)性別角色的認同與發展

(3)青春期的異性關係

(4)愛與合作的兩性關係

(5)懷孕與分娩知識的認知

(6)對戀愛、婚姻的抉擇及建立健康、圓滿家庭生活

(7)性生理衛生的保健與預防

(8)什麼是偏差的性行為

而鍾思嘉（民79）認為性教育的目標應以培養青少年正確的性態度與性行為為主。應達成目標為：

(1)自我認識

(2)自我了解

(3)價值澄清

(4)道德發展

(5)責任行為的發展

2.鼓勵雙性化的人格特質

減低性別角色刻板印象（sex – role sterotypesa）——對男性或女性角色及行為過度僵硬、絕對、主觀的看法，鼓勵雙性化（androgyny）——剛柔並濟的彈性化人格特質是最近專家學者認為有助於青少年順利適應變遷社會中的兩性關係的重要因素。因此，協助學生認識個人性別角色刻板化的優缺點、教師本身慎選慎編教材教法、提供學生體驗及討論性別角色，是教師或實務工作者可著手的方向。

3.辦理兩性教育的演講或活動

舉辦有關兩性教育的演講、座談會、辯論會、徵文、演講比賽、影片欣賞與討論等，可以提供學生更多瞭解兩性問題的機會。在班級輔導方面，辯論會或討論會有助於達到學生觀念澄清的作用，教師在此宜扮演催化者而非指導者的角色。

4.拓展思考的廣度與深度

在青少年兩性問題的諮商中，應留意其認知發展的特色。除上述自我中心主義之外，孩子邏輯思考、抽象思考及批判能力也比過去強，但這並不表示其思考能力已經足夠解決現實情況的問題。所以，幫助他想得更深、更遠、更廣，有助於消除過度的自我中心，增進「後設認知」能力及現實感。例如不帶批評的討論：「看到你這樣的行為，讓老師擔心你是否明白自己真正的需要是什麼。」、「我可以了解你很需要對方的友誼，但不知道你用的這個方式，是否真正達到你的期望？……那麼，你用什麼來判斷？」、「你是否想過其他同學對你這樣的行為方式會有怎樣的想法。」、「如果採用這樣的方式，你是否想到可能的結果會是什麼？……有其他方式嗎？」諸如此類的討論，在加上尊重接納的態度及專注傾聽的技巧，相信會對拓展學生的思考有益。

(二)行為方面

1.社交技巧的學習

隨著外觀逐漸成熟，青少年愈被社會要求表現出符合成人世界的行為。因此，學習做「大人」，成為此階段孩子的學習課題。相形之下，社交技巧（social skill）不足是此階段青少年特色之一。社交技巧乃指個人能使用被社會接受及肯定的方式與人互動，同時使個人、他人或相互之間獲益的能力（黃德祥，民82）。事實上，社交技巧也就是人際交往技巧。Walker等人將青年社交技巧內容分為：同儕相關技巧、成人相關技巧、自我相關技巧；Goldstein等人也詳述青少年社交技巧內容為：基本社會技巧、高級社會技巧、處理情感的技巧、替代攻擊的技巧、處理壓力的技巧和訂定計畫的技巧等項。

當然，社交技巧訓練的過程及內容，應配合兩性性心理差異，以讓學生能學習到更具體而且適用的兩性相處之道，

使他們能夠自在的與異性溝通和相處。

2.演練方式的運用

就方法上，無論是班級輔導、團體諮商、個別諮商，透過演劇、角色扮演、社會劇、行為預演、家庭作業等方式，可提供青少年體會及練習社交技巧。也可將角色扮演的方式運用於「自我肯定訓練」中，以協助孩子在清楚認識自己後，能有勇氣與技術的說「不」，俾使於兩性交往中能有所「為」有所不「為」。

3.人際溝通基本技術的教導

教師示範及教導人際溝通的基本技術（傾聽，同理、讚美、表達）等亦有其必要。教師可於班級活動（班會、導師時間、聯課活動）中，設計簡單的溝通活動讓學生體會。

另外，透過TA理論（溝通分析理論）的瞭解，可協助孩子自我探索個人的溝通模式，並靈活運用其原理於人際關係中。

㈢情緒方面

1.教導情緒處理方法

心情起伏不定變化多端是青少年常見的特徵。而覺察個人情緒是處理情緒之首，其包括：

(1)辨別情緒類別

例如：快樂、興奮、驚喜、難過、氣憤、羞愧、後悔、沮喪、寂寞等等。

(2)辨別情緒來源

讓學生清楚自己的情緒起伏所為何來，以免轉向發洩或轉向攻擊而不自知。

(3)以適當的方式表達

讓學生將情緒表達出來，有助於心情的舒坦。愈難以表達則愈可能用其他不當的方式（例如攻擊、壓抑）發洩，不利於心理健康。這點看似容易，其實不然。

當您問學生的感受時，對方可能無法直接說出個人感受，代之回答的卻是「想法」。然而，鼓勵學生表達情緒或感受，有助於學生更接近自己、了解自己。而且，表達方式不限於「口語」一種，透過繪畫、演出、布偶、未完成句等方式皆可。

(4)選擇個人合適的情緒處理方式

讓學生認識各種紓解情緒的方式及其優缺點，使學生有更多方法可以選擇。另外，教師可透過團體討論與分享、壓力免疫訓練、認知療法、認知情緒療法等原理教導學生情緒的自我管理。

2.加強休閒教育

適當的休閒活動有助青少年拓展人際關係、增進社交技巧、滿足生理心理、調適情緒與自我實現的需要。所以，適當的休閒有助青少年穩定情緒。

3.明瞭個人的行為動機

Hajcak 和 Garwood 研究指出，青少年性行為的危險之一就是利用「性」作為表達或滿足個人情緒和人際需求的工具。因此，婚前性行為的動機，極可能是為了追求情感寄託、塞填自尊、解除寂寞、表現男子氣概或女性溫柔、逃避無聊或發洩憤怒等等。因此，當他們在感覺不舒服時，就想以「性」得到紓解（楊麗英，民 82）。所以，面對婚前性行為的個案，除了解其個人表面行為背後真正的動力因素外，當事人情緒處理模式是否間接影響其兩性關係，值得輔導教師留意。換句話說，協助當事人檢視維繫兩人關係的因素及內涵為何？有助當事人看清楚兩人關係的特質。

4.常見的個案──失戀

失戀是另一常見的兩性問題。無論是單戀式的幻想破滅或異性交往的受拒，往往容易影響青少年的情緒，間接影響課業學習、人際關係，甚至作出意氣用事的行為來。面對此類個案，宜先予同理、接納、支持等方式，協助處理失落（

loss）情緒，包括：憤怒、震驚、無助、否認、羞愧、失望、難過、挫敗等等。爾後，協助探討問題的真正原因，鼓勵當事人坦然面對挫折、面對自我、尊重他人、賦與失敗經驗價值與意義，解決問題。事實上，兩性自初識至訂婚、結婚本有其循序漸進的階段可循，青少年階段過早固定交往對象甚至視為「情人」，並不受鼓勵。所以，面對失戀，可鼓勵當事人不妨視為學習的歷程。

(四)經驗方面

1.拓展生活體驗

鼓勵參與大團體活動甚於單獨約會是許多專家學者或實務工作者的共同看法。因此提供孩子經歷與異性合作相處的機會，如社團、班級幹部、營隊活動、團體聯誼、工讀等都應受支持。另外，值得注意的是，根據國外研究，較常進教堂作禮拜並重視宗教在生活中的價值之青少年，比對照條件者較少有婚前性行為的經驗（Thorton & Cambrun），國內情況是否亦然雖有待研究，但大部份的宗教不鼓勵婚前性行卻是事實。參與團體活動有助於現實的試探（reality testing），可間接沖淡過於浪漫、理想化、自我中心的想法。

2.增進青少年的自信與自尊，創造成功機會

多肯定、多鼓勵青少年，協助創造成功經驗以增進個人自我價值感、能力感，有助於青少年建立自信與自尊。如此，自可減少青少年必須仰賴他人肯定自我的不當行為表現，以建立自愛愛人的兩性關係。此有賴學校教師透過成功的班級經營方式如：營造良好的班級氣氛，鼓勵同學間的回饋與讚美，接納學生的個別差異等，或設計增加學生參與程度的教學方法、班級規範等，靈巧的運用與變通。但若以拆閱或公開學生情書等方式禁止兩性交往，無疑會是挑起「師生衝突」的導火線。

四、結語

　　當然，「身教重於言教」是眾所皆知的至理名言，教師或家長本身的「示範」自然重於三令五申。所以，教師本身對兩性關係的認知與態度相當重要。郭麗安（民84）指出：兩性關係是人際關係的一種，處理兩性關係的原則雖與人際關係相似，但教師進行青少年兩性問題的個別輔導時應注意以下原則：

1. 輔導教師應先了解自我的情感價值觀，以避免投射作用。
2. 了解青少年異性交往的心態，並尊重其需要。
3. 輔導目的在於幫助青少年尋得快樂、充實且互相提攜的兩性友好關係，捨棄濫情、相怨相恨、互相沈溺的關係。

　　而此正是筆者於本文所希望強調的重點。

　　謝月英（民82）指出青少年的兩性交往有其功能，如：(1)確認及學習性別角色；(2)認識異性，不致產生迷思或畏懼；(3)學習如何與異性相處；(4)滿足心理需要。因此，對於兩性交往，孩子們需要的已不是大人的禁止與阻嚇，而是支持與教導。其需要學習、渴求瞭解的程度，正如成人們自己在兩性關係中所遭遇的困境一樣的迫切緊要。師長的任務應在接納其需求、教導其社交技巧。

　　有關青少年的兩性問題有賴家庭、學校、社會以更寬廣、持平、重視的態度共同努力。意氣風發的他們，冒險勇氣十足正如踩動的油門，但學習適當的兩性交往方式、建立合宜的兩性關係，才是他們穩當可靠的方向盤。讓他們在安全與快樂中學習吧！

↓參考書目

江承曉（民84）：國中青少年的生活壓力與輔導之探討。測驗與輔導，*129*，2653－2659。

郭麗安（民84）：兩性關係之困擾與輔導（未發表）。

晏涵文（民80）：告訴他性是什麼。台北：張老師出版社。

黃中天（民80）：生涯與生活。台北：桂冠圖書股份有限公司。

黃必嶸（民82）：探討國民中學的兩性教育之原理及指導方針。學生輔導通訊，*29*，16－25。

黃德祥（民82）：青少年發展與輔導。台北：五南圖書出版公司。

蔣桂嫚（民82）：高中生生活壓力、因應方式與身心健康關係之研究。高雄師範大學教育研究所碩士論文。

楊麗英（民82）：青少年性行為相關因素之探究。學生輔導通訊，*29*，26－31。

謝月英（民82）：從把脈中滋長健康的兩性交往。學生輔導通訊，*29*，40－43。

Santrock, J. W. （1992）. *Life－span development* （4th ed.）. IA：Wm C. Brown.

Adams, G. R. & Gullotta, T. （1989）. *Adolescent life experiences* （2nd ed.）. Library of Congress Cataloging.

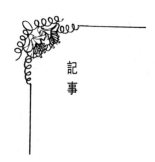

記事

同性戀

劉志如

一、前言

在國、高中階段的導師，可能都遇到過學生來打這一類的小報告：「老師，某某和某某兩人是同性戀，我看到他們在學校圍牆邊打 KISS。」依據美國的調查，約有 10％左右的學生，會需要學校諮商員來處理有關同性戀認定方面的問題（McFarland, 1993）。

我國雖無正式的調查，然而青少年時期，正處於生理、心理的重要發展階段，在生理上，第二性徵開始出現；在人際發展上，開始想脫離對家庭的依賴，尋求同儕的肯定。從 Erikson 的發展任務來看，青少年正處於「自我認定」的階段，所以在同儕之間，可能會開始有基於對「性」本身的好奇，而產生的「性」探索的實驗行為，也可能是他開始發現自己和一般同學不一樣，對於異性好像不太能產生好奇、期盼，反而容易被同性吸引，而這種混亂的感覺，在青少年這段發展階段上，是極可能發生的，Krysiak（1987）以其臨床經驗發現，此時的青少年是很徬徨焦慮的，若是有老師願意以接納、引導的態度，協助他們澄清及解決，青少年是很願意和成人談他們這時期的性尷尬問題。

所以，本文希望能提供老師們對青少年同性戀問題的一些觀念，以及在與這些疑似同性戀學生會談時，他們可能面對的困難及需要協助的焦點是什麼，以提供老師在工作上的參考。

二、同性戀的認定

同性戀在英文上有不同的用詞，男同性戀者，自稱gay

，女同性戀者稱爲 lesbian。Dworkin 及 Cutierrez（1992）
認爲 gay 及 lesbian 之下分二類的同性戀：

1. homosexual 指的是只能對同一性別的人，產生愛戀及
   性方面的幻想、行爲的一種持續反應的傾向，一般即我
   們所謂的眞同性戀者。
2. bisexual 則指的是對兩種性別的人，都能有性反應的傾
   向，即所謂的雙性戀者。

因爲中文均是以同性戀這個詞泛指，因而在定義上會有
混淆的現象，由上述這個定義而言，所謂同性戀強調的是性
的傾向及偏好，而不強調性的行爲，亦即有同性的性行爲，
並不是就是同性戀，而即使完全沒有過同性的性經驗的人，
也不能說他就不是同性戀。因而若一個人性幻想的對象爲同
性，能對其性反應有喚起作用的人爲同性別者，即使沒有同
性的性行爲，我們也會稱此類爲「潛伏性同性戀」（文榮
光，1970）。

但在青少年身上，上述的定義與青少年期出現的一種「
同性密友期」或「同性愛」的反應，又常易有混淆。所謂「
同性密友期」即在青少年同性朋友間產生對同伴緊密團結的
感情，不能容忍他人的侵入，彼此之間有緊密結合、榮辱與
共的感情，這種感情中，有信任、崇拜、依賴，甚至會帶著
嫉妒等情緒，這種同性密友期的發展，是人際關係發展的階
段之一，爲日後與異性發展親密信任行爲的基礎（黃慧眞
譯，1970）。

同性密友期的行爲與同性戀行爲有許多特徵上的差異，
例如，它通常沒有性慾的成份，並會依某些特殊喜好結爲「
黨派」。O'Connor（1992）整理許多對於同性密友期的情
感依戀的研究結果發現，多數的青少年，這時期的行爲，並
不會延續成日後的同性戀行爲，此時期的重點是在青少年的
自我認同，他們急切的想知道「我是什麼？」或「我是不是

46

什麼？」，因而來尋求協助時，可能自己也很混淆於「我是否是同性戀」這樣的角色認定。對於同性戀的認定應至少具備：(1)不可抑制的想要和同性有親密行為的幻想；(2)情感和性慾的對象只限於同性；(3)是一種持續性的反應，不是因情境限制而產生的同性行為；(4)對異性性反應有排斥或噁心的反應（徐西森，1990）。

O'Connor（1992）建議諮商人員在聽到案主陳述到「同性戀」這個名詞時，不需急著幫案主「解決」同性戀問題，而是先適度的澄清此青少年是處於同性密友期或是真正同性戀，以免因協助者的態度造成青少年認同自己即是同性戀者。祁家威（1993）亦認為判定真性同性戀需待發展成熟以後（在中國以二十五歲為宜），尤其我國因國情關係，許多人在同一性別的學校一路念上來，不論是讀書、運動、遊戲來往對象都是同性，這種朝夕相處的友誼，將延緩異性情誼的發展，在認定上將更困難。

雖然在二十五歲之前，不宜貿然標籤青少年是同性戀，但 McFariand（1993）亦強調，若青少年是真性同性戀者，不會因協助者的否認，就會自然的在成長為成人之後，變為異性戀者，諮商人員的否認，只會讓這些案主求助無門，故輔導時不應急著決定案主是或不是同性戀，而應以陪同探索的態度，和青少一起分辨其各種不同的感覺、情緒、性反應、性幻想等，尤其學校輔導者更重要的任務是協助其面對隱瞞自己可能是同性戀者而造成的孤立的人際問題。

三、青少年同性戀的輔導策略

目前對同性戀治療的研究發現，矯正真性同性戀使成為異性戀的成功率只有 15－30％左右（O'Connor, 1992），且這種以行為治療為主的嫌惡治療法，可能造成的只是案主

的性無能，而非真正改變其性傾向，故目前對於同性戀者的
輔導策略，多已不再採取改變其同性戀傾向的方式，而是協
助其面對在社會道德文化下，仍需面對的許多刻板印象及譴
責。尤其是青少年在仍需依賴父母養育的弱勢情況下，面對
自己可能有同性戀傾向，面對父母可能的反對及同儕的排
斥，均會有許多困難與問題需與人共同討論與面對，而正值
自我認同的發展任務，卻生活在環繞著敵意及反對的壓力環
境中，如何形成正向的自我認同，亦是輔導的課題（
McFarland, 1993）。因而筆者以為，協助青少年，輔導者
本身需先了解案主可能面臨的困境是什麼？在了解青少年此
時需要什麼及輔導員本人可提供什麼，才能形成最佳的輔導
策略。

㈠青少年同性戀案主可能面臨的困境與問題

1.社會禁忌下的求助

青少年在面對自己可能有同性戀傾向，或覺察到同性別
的人對其有較高的吸引力時，通常會面臨到的第一個困難是
「如何確認」——找人問會有曝光的危機，可能再來面臨的
是更大的壓力；向好朋友訴說，怕嚇到他，反而使友誼中
斷；依道聽塗說的資訊（如：台北市公園）去找人實驗看看
自己是不是同性戀，可能面臨的是被陌生人強迫性交或甚至
感染性病的危險；這種種的顧慮，都會阻礙他們求助的腳步
（McFarland, 1993）。

2.社會的負向刻板印象，影響自我認同及自尊的發展

一般對同性戀者仍有一些特殊的刻板印象，如：男同性
戀者會娘娘腔、怪癖、心理有病、縱慾主義沒有忠貞的愛
情，因而導至有些父母在面對自己小孩可能有同性戀傾向
時，會覺得同性戀比殘障還要糟糕。莊慧秋（1993）引述一
位同性戀者母親的談話：「如果我的兒子是殘障者，別人還
會有幾分同情；可是他是同性戀者，你叫我怎麼抬得起頭

48

來？」由這段話可以稍稍了解，一個同性戀者可能在社會中需面對的壓力。在這種環繞敵意及否定的環境下，如何讓青少年正視自己的性傾向，肯定自我的長處，是輔導人員的重要課題。

3.資訊的缺乏與偏誤

由於求助的禁忌，故而同性戀的青少年，在規劃未來的生活時，其依據的資訊管道多是口耳相傳或電視雜誌等訊息，而這些訊息中所談的同性戀者是怎麼生活，是什麼方式求愛等，他們不可能形成固定的情感，而這些訊息連帶影響了青少年在規劃未來時，以縱慾、濫交的方式，過一天算一天的活（成令芳，1993）。

4.親密友誼的趨避衝突

青少年此時正值同性密友期，正需要與同性發展信任、堅定的友誼，但又因擔心個人對同性產生的性幻想甚至性反應，造成其同性戀問題的曝光，而有意的孤立自己於同儕團體之外（McFlarland, 1993）。這種既期待友誼又害怕友誼的衝突，常在同性戀傾向者身上產生。而在人際情境中，有時可能在同性朋友交往上，會因嫉妒、焦慮等情緒，使同儕覺這個人情緒起伏很大，易怒、善變，而不願與其相處。

5.對愛滋病的恐懼

近幾年來，由於愛滋病的侵襲，使人們談「滋」色變，而媒體對於愛滋與同性戀的報導，多是單純的呈現數據，如愛滋的帶原者有 75％是男同性戀者，使得資訊不足的青少年，只是焦慮而不知如何保護自己，因此正確的性知識及自我保護的知識，是輔導者需與案主共同討論的。

6.對生涯的影響

同性戀者的生活型態與異性戀者有何差別？他們所需承受的社會壓力、親人期待與失望有多高？因決定接受同性戀生涯所影響的人際網絡有多大？可能未來的生活是什麼？如何維持固定伴侶或是不是可能只有一伴侶？……許多同性戀

者所需面對的生涯問題，尹美琪（1995）提醒輔導員，若只是勸案主認同其同性戀傾向，而沒有認真的與其討論他們可能面對的未來生涯的困境，將使他們內化對同性戀的恐懼而找不到自我。

㈡輔導策略

1.尊重接納的態度

青少年同性戀案主在走進輔導室時，最擔心的問題可能就是輔導老師會以什麼眼光來看待此一事件？因為在走進輔導室之前，他們可能就已經歷過別人同情、憐憫或取笑、不屑的態度，而在情緒上形成防衛及過度敏感，因此輔導員的態度將影響案主在輔導過程中的開放及面對問題的勇氣。輔導員需要能提供一個場所，讓他們知道，在這個地方，至少有個地方接受他，當他遇到挫折和困難時，可回到這裡來商量討論對策，而不需要走極端，或放棄規劃自己。

Toague（1992）提醒輔導者，必須常常檢核自己的態度，是否在理智上接納同性戀，而情緒上卻有衝突，因而在輔導策略的選取時，無法真正尊重案主，造成案主在自我認同上的混淆。

2.審慎的診斷態度

Teague（1992）綜合許多學者的研究，認為性傾向的發展在青少年期仍在持續進行中，因而不宜貿然予以診斷或判定，提供正確的性知識，健康的性傾向資訊，形成案主正向的性態度，會是更重要的；而提供人際技巧，協助案主度過因擔心同性戀問題曝光而造成的人際孤立，是幫助案主更快走出困境，獲得更多支持的方式。

3.關心案主的情緒感受

O'Conner（1992）提及同性戀案主在道德、社會禮俗等等的壓力下，會產生許多情緒的問題，如對自己的愛慾感到不安、羞愧、罪惡，在人際中感覺孤立、無助，對自己的

未來產生無望不可期望等感覺，諮商員需能真正的關心體會案主這種種的情緒，才能為案主謀求最佳福址，方能使案主開放自己，面對問題。諮商員可就案主對同性戀的看法著手，解除其不必要的羞恥感，有助進入其內心世界，探討問題的癥結。

4.視案主的問題為整體性的問題，而非只是同性戀的問題

Alphonso在臨床工作上發現青少年來求助時，帶來的問題常常不是同性戀的問題，而是因同性戀，而引發的相關問題，如學生來輔導中心告訴你他是同性戀，但又想住宿舍。Alphonso認為許多輔導員一聽「同性戀」，就急著針對同性戀做治療，而忽略了他們來求助的整體性的問題，如家人壓力、朋友眼光與案主共同分析其生活情境，協助其生活適應狀況及解決特殊困難（沈湘縈譯，1986）。

5.依案主之意願，擬定輔導目標

諮商員的輔導目標不要預設為矯正案主的性傾向，Krysiak（1987）即認為學校輔導員不需去深入探究案主同性戀的形成因素，而是以案主所面臨的所有問題為協助的目標，如：(1)自我了解自我認定；(2)幫助面對可能遭遇的壓力及可能遭遇到的問題；(3)規劃未來生活等。郭麗安（1995）以其臨床的實驗經驗，歸納其在學校中常遇到到同性戀案主帶到諮商室的難題，包括有認定上的問題——我是不是同性戀者、為什麼是我、我是否應告訴他人我是同性戀者；有人際上的問題——被排斥、能否有固定的一對一伴侶；及治療上的問題——同性戀是病嗎？能治療改變嗎？以及對愛滋病的恐懼……等。他們所尋求的協助與異性戀者一樣渴望被了解、接納，他們希望被視為是一個人均可能會遭遇到困境，而不是「同性戀」的困難，因此依案主的需要，與其共同探索，共同成長，才是最佳的輔導目標。

四、結語

筆者在第一次接觸同性戀案主時,在認知上知道他們其實只是在性偏好上的不同,但口氣上總難免帶著「我們是不同群」的好奇和謹慎,但在逐漸的接到許多的抉擇與困境,而可能的不同是,他們要面對的環境是壓力更大的。因此同性戀案主要的不是指責質疑的「為什麼你要同性戀?」,更不是同情的「好可憐哦!」而是和一般案主一樣的,可以坐下和輔導老師談談他的心聲、他的困難及他的未來。

↓參考書目

文榮光(1970):臨床性醫學。台北:大洋出版社。

尹美琪(1995):同性戀的坎坷路。諮商與輔導月刊,*114*,46-48。

成令芳(1993):解開同性戀的迷思。王桂花編:中國人的同性戀,頁21-26。台北:張老師出版社。

沈楚文(1986):談同性戀。臨床醫學,*17*,22-27。

沈湘縈譯(1986):同性戀案主的諮商。輔導月刊,*23*(1),115-118。

祁家威(1993):我是不是?我怎麼辦?王桂花編:中國人同性戀,頁27-30。台北:張老師出版社。

郭麗安(1994):同性戀者的諮商。輔導季刊,*30*(2),50-57。

張英熙(1990):蜘蛛女之吻——談同性戀的問題。學生輔導通訊,*9*,39-41。

黃慧真譯(1970):發展心理學。台北:桂冠圖書股份有限

公司。

Dworkin, S. H. & Gutierrez, F. J. （1992）. Introduction: Opening the closet door. In S. H. Dworkin & F. J. Gutierrez （eds.）. *Counseling gay men and lesbians: Journey to the end of the rainbow* （pp. xvii – xxvii）. Alexandria：American Connseling association.

Krysiak, G. J. （1987）. Needs of gay student. *The School Counselor, 34,* 304 – 307.

McFarland, W. P. （1993）. A development approach to gay and lesbian youth. *Journal of Humanistic Education and Development, 32*（1）, 17 – 29.

O'Connor, M. F. （1992）. Psychotherapy with gay and lesbian adolescents. In S. H. Dworkin & F. J. Gutierrez （eds.）. *Counseling gay men & lesbians: Journey to the end of the rainbow.* pp. 3 – 22. Alexandria: American Counseling Association.

Teague, J. B. （1992）. Issue relating to treatment of adolescent lesbians and homosexuals. *Journalof Mental Health Counseling, 14*（4）, 422 – 439.

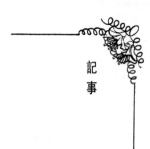

記事

5

性騷擾

沈慶鴻

一、前言

　　隨著社會型態的轉變，台灣地區女性的角色起了革命性的變化，現代女性較傳統女性擁有更多受教育和工作的機會，女性的腳步既然邁出家庭，就不能避免和男性之間的接觸，在男女複雜的互動型態中，「性騷擾」一直是社會所關心的話題。

　　事實上，性騷擾的問題早已存在，但由於女性的隱忍，及社會大眾未寄予足夠的關切，使其始終埋藏在檯面下，沒有成為一個公眾的話題。近年來，則因女性自我意識的提昇，女權運動的蓬勃發展，此問題才普遍受到重視。美國許多研究婦女問題的學者和女權運動者認為，性騷擾在美國社會是「每天發生」在「任何可能發生的地方」，美國時代雜誌亦曾將性騷擾稱為「辦公室犯罪」，由此可知，性騷擾存在的普遍和嚴重（現代婦女基金會，民82）。

二、何謂性騷擾

　　「性騷擾」（ sexual harassment ）一詞為美國康乃爾大學所創用（ Mayer, 1992 ），美國聯邦法院在1975年率先認定性騷擾是性別歧視的一種形式，美國法院於1977年首次認定性騷擾為美國1964年民權法案所可控訴的不法行為（ Friedman & Taylor, 1992 ）。然而，性騷擾究竟為何？什麼樣的行為及由誰來判定，才稱得上是性騷擾呢？

　　Hughes和Candler（ 1986 ）認為「性騷擾是被強迫的、不道德的和不想要的性親密」。他們將性騷擾的類型分為口語的和身體的騷擾，口語方面包括暗示、侮辱的言辭、性方

56

面的玩笑、及以性行爲爲主的暗示和公然的威脅。Lebrate（1986）則指出：「性騷擾（sexual harassment）是指不想要的性注意。其將性騷擾的類別分爲口語的、視覺的、手勢的和身體的行爲，其中性別歧視的描述（depictions）、評論（remarks）、諷刺（innuendoes）、提議、狡滑或強迫性的行爲都包括在性騷擾的範圍之內。另外，身體方面的性騷擾常包括碰觸、輕拍、招挾、擦過一個女性的身體和性的攻擊等。」

Gutek、Cohen 和 Konrad（1990）依不同的行爲類型將性騷擾分爲三項：

(一)非騷擾的性的行爲（nonharassing sexual behavior）

包括對接受者而言，困擾不大的恭維性言詞，如：口哨、恭維性的評論或建議，不過當接受者認爲有被冒犯或對雇用產生干擾，即會被認爲是種性騷擾。

(二)直接（direct）的性騷擾

常發生在人際間，直接針對某一人，這類的行爲可能牽涉到身體上的接觸、威脅或強迫，如：不受歡迎的碰觸、賄賂或性攻擊等。

(三)工作場所的性別化（sexualization）

工作場所中對不同性別者出現了脅迫、敵意和攻擊性的氣氛，此類行爲通常是間接的、非個別化的行爲，如：攻擊性的文字、挑逗的姿勢、符號或玩笑等。

陳宇平、柯乃熒、唐子俊、徐淑婷、文榮光（民83）同意Gutek（1983）的看法，引1980年美國公平雇用委員會（EEOC）將性騷擾定義爲「因爲職權利害關係，或因性別歧視，強勢者對弱勢者發出不受歡迎、或帶有性含意的行

為或語言等」之意，認為只要雙方地位不平等，一方運用權力迫使另一方發生性行為或接受猥褻的性評論即為性騷擾。黃富源（1990）則綜合國外多位學者的看法，認為只要是強行所施「違反當事人意願」任何有關性之侵擾都稱得上是性騷擾。

　　性騷擾定義上最重要的焦點即是不受歡迎或失禮的舉動，然而，不受歡迎或失禮舉動的判定，則是性騷擾最受爭議的地方，由於定義和感受的個別差異太大，相似的行為可能賦予不同的型式和標籤（Samoluk & Pretty, 1994），因此，許多人擔心性騷擾會成為指控者個人的自由心證，也因為如此，性騷擾一直是引人注意，但至目前卻又無定論的話題。

三、實證研究

　　根據台北市婦女救援基金會，在1990年12月所公佈婦女遭遇性暴力的調查報告，在受訪的808位女性中，有81％的女性曾遭遇性騷擾，67％的女性覺得夜晚外出時缺乏安全感（台北婦女救援基金會，1990）。香港中文大學針對校園性騷擾所做的調查發現：女性所受性騷擾的比例較男生為多，騷擾者多為同學，被教職員騷擾的情形亦時有所聞（陳若璋，民83）。另外，多數人談到性騷擾總會認為女性是被騷擾者，男性則是當然的騷擾者；多數的研究也多以女性為唯一受害者的角度做各種不同的呼籲。然而，現代婦女基金會（民82）對台北市上班族所做的調查顯示，36％女性和16％的男性上班族曾在工作場所中遭受上司、同事或來自客戶的性騷擾，Bursik（1992）也曾表示，男性被性騷擾的人數亦不少，只是男性受害者不像女性受害者那麼常被報導和主動尋求協助罷了。

陳若璋（民83）研究國內大學生性傷害經驗時，將性傷害依其嚴重程度分為三級（第一級為語言騷擾，第二級為要求暴露私處、被碰觸、撫摸身體、強迫親吻、被拍裸照等，第三級為撫摸生殖器、強迫發生性行為等），發現受試的大學生中，男性每二十五名有一名受到第一級性傷害，每二十四名有一名受到二級傷害，每百名有一名受到第三級性傷害。女性中，有五名有一名受到第一級性傷害，每三名有一名受到第二級傷害，每二十四名有一名受到第三級性傷害。

Fitzgerald、Weitzman、Gold 和 Ormerod（1988）則估計美國 15-35％ 的大學女生有被性騷擾的經驗；Bursik（1992）的研究則顯示，70％ 的職業婦女曾在工作場所遭遇性騷擾，30％ 的女學生曾在校園中遭遇性騷擾。Peters、Wyatt 和 Finkelhor（1986）整理美國近二十年來的資料發現，有關性傷害的發生率，女性從 6-62％ 不等，男性由 3-31％ 不等，此比率上的差異，是由於不同研究中，採用不同定義、樣本群及不同的研究方法所致。

文榮光（民83）曾指出台灣大部份的研究，對性騷擾定義將最輕的「性輕挑」（sexual seduction）、「性脅迫」（sexual coercion）、「性虐待」（sexual abuse）、「性猥褻」（sexusl indecency）、「性變態」（sexual deviation）、到最嚴重的「性暴力」（sexual violation），都一律的套上「性騷擾」的帽子，以致許多研究的結果都會引來不同看法的學者的激辯，因此建議應對性騷擾定義有所調整，把不同程度的「性脅迫」做區分，以免對性騷擾一詞過度的濫用（陳宇平、柯乃熒、唐子俊、徐淑婷、文榮光，民83）。

因此，要回答「性騷擾的狀況究竟有多麼嚴重」這樣的問題，是一件相當困難的事情，不僅各個研究方法上有所限制，且多數的被騷擾者不願、不敢宣揚或報案，而國內性騷

擾又無明確的法律保障下，統計上的黑數必然比現在高出許多，因此，我們實在無法從統計數字準確知道性騷擾問題的嚴重程度。

四、對性騷擾認定差異的由來

Tangri、Burt 和 Johnson（1982）為說明性騷擾行為的發生原因，整理出三項用來解釋性擾行為的三個模式：

㈠自然－生理模式（national biological model）

此模式認為性騷擾的發生是源於男女生理上的不同，互相吸引的自然現象，而此行為不具傷害性，沒有任何性的意圖，行為的當事人不會有任何的困擾和明顯的傷害，且此行為是不可避免、天經地義的。

㈡組織模式（organization model）

此模式認為性騷擾的發生係源於權力關係的不同，有權力的人對沒有權力或權力較少的人所進行的一種性的壓迫，並認為性騷擾是權力或權威下的產物，是科層組織垂直結構下，不對等關係的結果，女性在組織結構中屬弱勢或少數者，需透過「性」的交換以換取工作的空間、獎勵或昇遷，若無申訴機會或正視此一問題，則被此行為影響的當事者可能被迫自責，丟掉工作，而易產生情緒上和經濟上的困窘和痛苦。

㈢社會文化模式（sociocultural model）

此模式認為性騷擾是男性主義下的表徵，主要源於性別上的差異，男女不平等的社會地位所致，不論男性在科層組中享有多大的權力，女性都受到男性的剝削，此模式視女性

的角色只限妻子、寵物，是種相當嚴重的性別歧視，女性無法改變此種狀況，具有相當大的無力感。

然而，不論解釋性騷擾的模式爲何，不同性別間對性騷擾的看法仍存有相當大的歧見，日本在 1990 年進行一項「辦公室性騷擾意識的調查研究」的結果顯示，女性認爲性騷擾發生的最主要原因是日本社會普遍存在男女地位不平等的觀念，而男性上班族卻認爲性騷擾的發生是因爲「女性太敏感和大驚小怪」（現代婦女基金會，民82）。Marks和Nelson（1993）亦發現性別差異在性騷擾的知覺上，扮演相當重要的角色，女性較男性傾向將性騷擾認爲是件重要、且需社會大眾關心的社會問題。Powell（1986）亦同意男性比女性較常將引發性騷擾的責任歸咎受害者，而在性騷擾的評定上，女性亦較男性將模糊的行爲（如性玩笑）認爲是性騷擾的傾向。

台灣的狀況亦是如此，文榮光（民83）在許多研究和座談中發現，女性學者對性騷擾傾向從寬解釋（即時下一般人所謂之性騷擾），而男性學者則傾向從嚴解釋（較贊成以「性脅迫」代替「性騷擾」）。針對此點，Bursik（1992）、Powell（1986）及 Rossi 和 Weber – Burdin（1983）綜合許多的研究發現：對性騷擾行爲知覺的差異，主要源於騷擾的類型、性別和權力的不同，也就是說，對性騷擾行爲的感受、判定者的性別、及雙方權利的公平與否，都會影響多數人對行爲是否構成性騷擾的判定。

五、性騷擾受害者的心理反應

一般人對性騷擾成因的誤解，和對被騷擾者的偏見，是性騷擾受害者求助時最大的擔心。以致此類案主在騷擾事件

開始時，會採取隱忍不說的作法，而延遲求助的時間；即使求助時也常以人際衝突的解決爲求助的重點，直到有了危機感，且舊有解決問題的模式不再適用於目前的狀況，才會積極的針對此問題尋求解決之道。

由於性騷擾常在雙方地位不平等的狀況下發生，因此性騷擾的案主常有相當大的無力感，並喪失對環境的控制權。Vhay（1994）發現大學女生對性的脅迫事件較採內在歸因，且出現低自尊、低生活滿意度的現象。此外，多數被騷擾者會出現自責、情緒不穩（Reilly, Lott & Gallogy, 1986）、自信心受損、且會削弱女性參與以男性爲主的工作職場的意願（Benson & Thomson, 1982），並對日常生活的運作產生影響，他們會因此不去上課、更換工作，情緒低落、消極，且感到憤怒、無助及孤獨（Hughes & Sandler, 1986）。

Kimerling 和 Calhoun（1994）更指出被騷擾者會有害怕、焦慮、憂鬱、性的失功能、社會調適異常的現象。此外，Morris（1985）也認爲遭受性騷擾的婦女，會有下列各項感受：(1)混亂（confused）：無法相信這事會發生在自己身上；(2)罪惡感（guilty）：懷疑自己做錯了什麼；(3)無助感（helpless）；(4)憤怒（angry）：討厭這種行爲及希望此行爲能夠停止。

除了在心理上會受到重大的創傷外，Lebrate（1986）還提到性騷擾會影響婦女的整個生活。在性騷擾發生之後，持續的焦慮（anxity）和內心的憤怒會引起一些生理症狀，如頭痛、胃痛或更嚴重的問題，如潰瘍、結腸炎、高血壓等。由上述可知，性騷擾對被騷擾者的影響包括心理、生理及社會三方面：情緒上的焦慮、罪惡感、憤怒及因過度緊張而引起的生理疾病，因社會規範、自尊、自信受損而引起與人相處的障礙等等，對被騷擾者的生活而言，都形成相當嚴重的干擾。

六、諮商員的態度

由以上陳述可知，性騷擾的受害者通常會陷入複雜且多樣的情緒危機中，而這些情緒常會干擾案主生理、心理及其日常生活的運作。因此，對性騷擾個案的處理，諮商員對案主情緒上的接納和同理，在治療初期相當重要的一部份，若忽視案主情緒上的困擾，或缺乏同理及對案主情緒覺察的敏感能力，那麼將會影響治療過程的進行。此外，為免諮商員在減輕案主自責，面對問題的過程中，出現無效的助人行為，在協助此類案主之前，諮商員亦應釐清自己對性騷擾的態度、信念和感受，以期在諮商過程中，提供最有效的協助（Frazier & Cohen, 1992）。

除了同理和接納外，在協助過程中，有些部份是值得諮商員特別注意的地方（陳若璋，民82）：

1.保持客觀、中立的立場，不評價當事人。
2.提供關懷、支持、安全的氣氛，以建立和諧的關係。
3.允許並接受當事人情緒上的宣洩。
4.不過度認同當事人的情緒，也不對騷擾者的行為加以批評。
5.說明諮商員的協助角色。

七、輔導策略

將心理治療運用在性騷擾的諮商時，諮商員的焦點主要在協助案主克服無助感，及重建自信心，而其在方法和技巧的運用上則與一般諮商的方法差異不大，諮商員可依案主的狀況採取合適的諮商方式（Ratican, 1992）。通常諮商初期

是以個別諮商為主，至案主情緒較為穩定且危機狀況已過，則團體諮商會是個相當有效的協助方式，團體所提供的治療情境和支持力量，有時可能更甚於個別諮商的協助（Salisbury, Ginorio, Remick & Stringer, 1986）。

評估性騷擾問題的嚴重程度，而採取不同的處理方式，是決定諮商員協助策略的重點。如果案主的問題並不嚴重（案主本身的看法和諮商員的評估），對其生、心理的影響只是暫時，那麼諮商員只需按一般問題的諮商程序來處理即可，但若案主所呈現的並非單一的症狀、症狀的持續時間較長，且不願揭露此一事件、對談論此事件有相當大的困難，那麼危機處理的技巧（Frazier & Cohen, 1992）和醫療、法律上的協助，可能就是諮商員可以考慮運用的協助策略和社會資源了。

危機是一種混亂和分裂的情境，在此情境下個人失去了原有的生活能力，並且無力對產生此種情境的壓力做出有效的反應，以致個人生活的常規受到破壞。若性騷擾對案主的影響程度符合Frazier和Cohen（1992）如上所提的條件，危機處理的方式即可採用。危機處理的內容主要包括：

1. 發展和使用支持、同理、傾聽技術，與案主建立良好的信任關係。
2. 了解案主負向、混淆的情緒。
3. 清楚事件發生的經過及案主對此事件的處理方式。
4. 打斷案主破壞性的思考，以清楚的評估取代之。
5. 陪伴案主重新經歷事件的過去和未來，以創造新的經驗。
6. 幫助案主重新整合他的生活，包括修正扭曲的想法、學習管理情緒，及發展可以因應未來生活情境的新行為。

性騷擾的傷害對案主而言，既深且遠，因此，不論諮商員處理的重點和階段為何，都必需十分的謹慎，誤導和忽略

對案主而言，都可能產生傷害，所以保持對案主心理狀況的了解和接納、熟悉各項協助技巧，均有助於提高諮商員協助的品質（Ratican, 1992）。

八、結語

為免個人的定義不同造成處理上的困擾，美國公平雇用委員會提供的性騷擾政策成為許多教育、政府和私人機構處理上的參考原則，這些政策在法律上也許並無強制力，但在處理性騷擾的個別案例中，常能引導解釋的方向（Popovich, Gehlauf, Jolton, Somers & Godinho，1992）。國內各機構處理性騷擾事件，常有莫衷一是、因人而異的裁決結果，國內的「兩性工作平等法」雖有規範工作場所性騷擾的行為，然其目前正在立法院審議中，真正能夠發揮功能，並得到大多數人的共識，仍有段空間待努力。因此，釐清性騷擾的正確觀念、採取更積極的反應策略、並且提高警覺，仍是個人避免性騷擾的最佳良方。

⬇參考書目

台北婦女救援基金會（民79）：婦女性暴力調查研究，79年12月。

陳若璋（民82）。：兒童青少年性虐待防治輔導手冊。台北：張老師出版社。

陳若璋（民83）。：大學生性傷害經驗之回溯性研究。中華心理衛生學刊，7（1），77－96。

陳宇平、柯乃熒、唐子俊、徐淑婷、文榮光（民83）：兩性對性騷擾及醫療性騷擾看法的差異。中華心理衛生學

刊，7（1），65－76。

現代婦女基金會（1992）：台北市上班族兩性差異對性騷擾經驗和性騷擾態度影響之研究（一）。台北：現代婦女基金會。

Benson, D. J. & Thomson, G. H. （1982）. Sexual harassment on a university campus： The confluence of authority relation, sexual interest, and gender straatification. *Social Problem, 29,* 236－251.

Bursik, K. （1992）. Perception of sexual harrassment in an academic context. *Sex Role, 27* （7/8）, 401－411.

Frazier, P. A. & Cohen, B. B. （1992）. Research on the sexual victimization of women： Implication for counselor training. *The Counseling Psychologist, 20*（1）, 141－158.

Friedman, J. & Taylor, B. E.（1992）. *Sexual harrassment.* Deerfied Beach, Florida： Health Communication, Inc.

Gutek, B., Cohen, A. G. & Konrad, A. M.（1990）. Predicting social－sexual behavior at work： A contact hypothesis. *Academy of Management Journal, 33,* 560－577.

Hughes, J. & Sandler, B. （1986）. *In case of sexual harrassment： A guide for women studests.* Project on the Status and Education of Women, Association of American Colleges.

Kimerling, R. & Calhoun （1994）. Somatic symptoms, social support, and treatment seeking among sexual assualt victims. *Journal of Counseling and Clinical and*

Psychology, 62 (2) , 333－340.

Lebrate, M. T. (ed.) (1986). Help yourself : A manual for dealing with sexual harassment. California State Commission on the Satus of Women, Sacrament Caliornia.

Marks, M. A. & Nelson, E. S. (1993). Sexual harassment on campus : Effects of professor gender on perception of sexually harassing behavior. *Sex Role, 28* (3 / 4) , 207－217.

Mayer, I. L. (1992). *The changing roles of women in the criminal justice system offenders, victims, and professional.* (2 nd. ed.). Prospect Heights, Illinois : Waveland Press, Inc.

Morris, B. (1985). Turn in to you rights : A guide for teenagers about TURNING OFF sexual harassment. Michigan Univ, Ann Arbor, Center for Sex Equity in Schools, Revised Northwest Women's Law Center, Settle, WA.

Popovich, P. M., Gehlauf, D. N., Jolton, J. A., Somers, J. M. & Godinho, R. M. (1992). Perceptions of sexual harrassment as a function of sex of rater and incident form and consequence. *Sex Role, 27* (11 / 12) , 609 －625.

Powell, G. N. (1986). Effects of sex role identity and sex on definition of sexual harrassment. *Sex Role, 14,* 9－19.

Ratican, K. L. (1992). Sexual abuse survivors : Identifying symptoms and special treatment considerations. *Journal Counseling & Development, 71,* 33－37.

Reilly, T., Lott, B. & Gallogy, S. M. (1986). Sexual

harrassment of university student. *Sex Role, 15,* 333 – 358.

Salisbury, J., Ginorio, A. B., Remick, H. & Stringer, D. （1986）. Counseling victims of sexual harassment, special issue ： Gender issuesin psychotherapy. *Psychotherapy, 23*（2）, 316—324.

Samoluk, S. B. & Pretty, G. M. （1994）. The impact of sexual harrassment simulations on women's thoughts and feeling. *Sex Role, 30*（9 / 10）, 679—699.

Tangri, S. S., Burt, M. R. & Johnson, L. B. （1982）. Sexual harrassment at work ： Three explanatory models. *Journal of Social Issue, 28*（4）, 33 – 54.

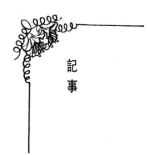

記事

6

考試焦慮

張學善

一、前言

在我國教育制度的影響之下，從小學開始，歷經國中、高中、大學，甚至研究所等，每個階段皆有大小的考試，尤其是高中聯考、大學聯考等，更是令無數莘莘學子廢寢忘食、坐立難安，考試焦慮幾乎是每位學子都曾經驗過的問題。

根據葉莉薇等於民國七十四年的研究發現：考試已成為兒童「最大的憂慮」、「唯一的困難」等困擾（引自葉莉薇等，民78）；而針對高年級考試焦慮的研究，結果發現高考試焦慮兒童的盛行率為5％（李承臣等，民76）。國小兒童尚且如此，而要面對高中、大學聯考的學生其焦慮的比率便不難想像了。事實上，考試焦慮發生的頻率及對學生造成的影響，比我們一般所瞭解的還要多，預估佔學校人口的10－30％（Wigfield & Eccles, 1988）。

許多的研究指出，考試焦慮與學業表現呈負相關，換言之，即考試焦慮愈高，則學業表現愈差（張寶珠，民80）。Strumpf（1993）更指出考試焦慮不僅影響學生的學業表現，同時也直接間接的影響到學生的心理健康，包括自尊的程度，以及在學校的地位。因此，身為學校輔導人員的我們，如何瞭解考試焦慮並幫助學生們減輕其考試焦慮，使考生在考試時能保持身心最佳狀態，發揮應有的潛能，實乃相當重要的課題。

本單元即先針對考試焦慮的意義、症狀、及評量方式做一概述，其後再說明形成考試焦慮的背景因素，最後介紹考試焦慮的輔導策略。並以一國三學生為例，於影片中示範處理考試焦慮的輔導原則。

二、考試焦慮的定義、特徵及評量

余民寧（民76）定義考試焦慮為：在某種特殊情境下（如考場）所產生的一種暫時令人感覺不舒服的情緒狀態，並伴有某些可以經驗到的生理行為反應，屬於某種特殊性焦慮或情境焦慮；Hunsley（1985）從認知的觀點說明考試焦慮被認為代表了對學業的低自我期許、自覺準備不夠、考前的高焦慮反應、考時的低自我評價及較多的負向認知等。對考試焦慮的界定，存有不同的說法，有從情緒、行為的觀點描述，有從認知的角度出發，亦有綜合二者如Liebert和Morris（1967）指出：焦慮有兩種主要的成份，一為情緒成份，一為擔心成份，其中情緒成份多為生理反應之描述，擔心成份則為個人面臨評估情境時，對自己的成功不具信心等。

一般而言，低考試焦慮者在實際應試時，會專注於和考試有關的變項；而高考試焦慮者則會專注於內在自我評價、自我反對的想法、和其自動浮現的念頭（Wine, 1971）。吳英璋等（民72）曾對國中生做過研究，發現具有考試焦慮的人，比較容易自責、悲觀，如果考好了，不會去注意考好的意義，而一旦考差了，就會嚴厲的責備自己，懷疑自己的能力。除了上述高考試焦慮者所反應的行為及心理特質外，其生理部份亦有一些可辨別之症狀，較常出現的生理反應有：心跳的很厲害、全身冒汗、反胃、吃不下飯、疲勞虛弱、頭昏暈眩、臉部發熱、喉嚨乾燥、腦中一片空白、拉肚子、排尿頻繁、耳根發熱、呼吸急促。

評量考試焦慮一般有「問卷測量」及「生理測量」。以問卷測量的方式可評量焦慮的主觀認知行為和生理反應趨向。國人自編的測量焦慮工具有：(1)修定情境與特質焦慮量

表：本量表由鍾思嘉及龍長風於民國七十三年修訂而成，包括情境焦慮與特質焦慮兩部份，適用於國中、高中及大學的男女學生和成人；(2)中國兒童考試焦慮量表：本量表由林碧峰、楊國樞等人於民國六十二年修訂而成，適用於國小四到六年級的學生；(3)焦慮狀態量表：由金樹人於民國六十七年所編製，包括「認知」與「情緒」兩個部份，適用對象為國中學生；(4)考試焦慮問卷：本問卷為吳松林於民國七十一年所編製，以評量考試焦慮的認知層面為範圍；(5)考試焦慮量表：本量表由程玲玲、吳英璋及李新鏘於民國七十年所編製。量表包括兩個部份，第一部份為測量受試者在有關考試的不同情境所經驗到的緊張程度（情境焦慮），第二部份為測量受試者在面臨考試的緊張狀態下可能產生的生理反應。（引自董力華，民81）其中尤以程氏等所編之量表使用最為頻繁。

以生理反應的變化做為焦慮程度指標的是生理測量，其原理是當個體處於焦慮情境時，生理反應會有所變化。其測量方式包括：膚電反應（GSR）、肌電反應（EMG）、心電圖（EKG）、血壓、脈博、激素檢驗等（林燦南，民80）。雖然以生理緊張程度為考試焦慮的指標會比自陳量表較為客觀，但時間與經費上都較不經濟，所以大部份有關考試焦慮的研究都是使用自陳量表（self－report instrument）為評量方式。

三、形成考試焦慮的原因分析

根據Lazarus於一九七四年的分析，一個人焦慮時有三方面的反應產生：(1)生理的反應，即激動的情緒；(2)認知的反應，即對於內外環境的知覺、解釋和評價；(3)行為的反應，即為了減輕激動狀態所產生的行為。此三者，依認知行

為學派的觀點，生理及行為的反應均是由認知反應所衍發出來的（吳眞眞，民75）。

一項針對國中學生所做的考試焦慮調查研究發現：學生個人的想法（即認知）是造成焦慮的重要原因之一，例如「事後自責」的焦慮反應、對考試的過份擔心、一題不會造成全軍覆沒，乃至於擔心最後一個交卷等等（張老師月刊，民73）。余德慧（民73）亦指出：負向的自我評價是考試焦慮的主要來源。吳英璋（民74）的調查結果發現考試時會緊張與不會緊張者在想法上有很大的差別，例如：擔心準備不完、擔心分數太差、擔心對不起父母……等等，是為考試焦慮者會有的想法；而考試不會緊張者則較常想到：我不重視分數，因為學會比分數重要、我準備好了，所以不緊張、我不怕老師責罰，因為老師罵全班，不是只罵我一人……等。由此可知，認知因素（即個人的想法）是造成考試焦慮的重要因素。

Chang（1986）歸納了四種對考試焦慮的說法：自我的失敗（failure of self）、認知上的擔憂（cognitive worry）、生理激動（arousal）、技巧缺陷（skill deficit）。「自我失敗」是指由於個人本身的能力不佳，因此害怕考不好會顯示自己不行；「認知上的擔憂」是指考時對自己的表現所持的負向評價；「生理激動」是指處於考試情境中所引起的生理緊張反應；「技巧缺陷」則是指考試焦慮是由於個人的學習技巧不佳而考的不好所引起的。由上可知，除了認知因素外，考生本身的能力及學習技巧亦為造成考試焦慮的可能來源。

四、考試焦慮的輔導策略

(一)系統減敏感法

　　早期對於考試焦慮的看法是將其視為一般性的焦慮，凡是具有高焦慮特質的人，在考試的情境下會比一般人容易感到緊張、不安和焦慮，因此在治療考試焦慮上所採用的方法和治療一般性的焦慮無異，主要是採取行為治療的方式，其中，系統減敏感法與放鬆訓練是最常被用來治療考試焦慮的行為矯治法。

　　系統減敏感法是Wolpe根據交互抑制理論所發展出來的一套針對焦慮或恐懼症的行為治療策略，其要點在於焦慮是個人對特殊客觀事物或情境的反應，是學習而來的不良行為，此種反應（例如血壓升高、心跳加快、流汗、情緒亢奮、肌肉緊張等）與放鬆的感覺是不相容的，因此可以藉由放鬆來取代焦慮反應。其實施過程有三步驟：

　　1.肌肉鬆弛訓練

　　由治療者教導當事人學習深度的肌肉鬆弛訓練，包括放鬆訓練、引導想像以及自由想像。

　　2.建立焦慮階層表

　　所謂焦慮階層是指從引起當事人最輕微的焦慮反應的恐懼情境一直到最嚴重的恐懼情境。此階段是由治療者幫助當事人共同建立由低至高的焦慮階層表。

　　3.進行減敏感訓練

　　首先，要求當事人做肌肉鬆弛訓練，確定當事人完全放鬆後，接著便呈現焦慮階層一的情境，在確定當事人在沒有任何焦慮產生後，再依序呈現次一個焦慮情境，如此類推，直至當事人在最強的焦慮情境中能完全放鬆，毫無焦慮產生

時，治療過程才可結束。若在進行中有較難克服的項目，則可根據情況再予細分，然而階層項目亦不宜過於簡單，否則個案少有動機，反而易生倦怠感。

(二)認知行爲矯治法

自從Liebert和Morris（1967）提出考試焦慮包括「情緒反應」與「擔憂」兩部份後，陸續有研究探討這兩個因素的影響力。Wine（1971）指出以往使用行爲治療的方法只能減輕考試焦慮的情緒性反應，而無法消除影響考試表現的擔憂想法，因此，能同時處理情緒與擔憂兩部份的認知行爲矯治法便應運而生。

認知行爲矯治法是兼採認知與行爲治療法以處理考試焦慮，除了前述的行爲治療原則外，另加了認知的因素，其重點在於讓當事人瞭解：導致考不好的原因是出自於他們考時的思想、自我語言及自我教導。由於考時負向自我評價的語言導致個人產生不必要的擔心與自我懷疑，因而變得過份在意考試的結果，作答時無法專心思考，導致考得不理想。其治療的目標在於改變當事人不正確的思考型態，配合行爲改變的技巧，以達成個案認知及行爲上的改變，其實施過程包含三個原則：

1. 讓當事人明白不合理的想法會造成不舒服的情緒及不適應的行爲。
2. 教導當事人認清他們在壓力情境（例如考試）下所產生的不合理想法爲何？
3. 運用複誦以加強培養合理的內在想法。

(三)多模式的治療方式

Tryon（1980）歸納有關考試焦慮矯治的研究結果發現：不論是行爲治療、認知治療，亦或是同時處理擔憂與情緒反應的認知行爲矯治法，雖然大都可以有效的減輕考試焦

慮，卻不一定能增進學業表現，亦有研究（Culler & Holahan, 1980）發現高考試焦慮者可能具有某些能力上的缺陷，Strumpf（1993）也指出學習技巧不足亦會引起高考試焦慮的反應。因此，目前在考試焦慮的矯治上，採多模式的治療方式，即結合使用多種處置方法，包括認知矯治、行為矯治、學習技巧訓練……等，被認為是最佳的做法。

　　Strumpf（1993）說明考試焦慮的處理策略應包括：系統減敏感法、認知重建、以及教育途徑。其中教育途徑指的是學習技巧訓練，包括了時間管理、如何增強記憶力、如何做筆記、以及考試技巧……等的教導。Fodor 和 Lief 指出：一個有效的處理策略，應先評估個體的特殊狀況，再決定什麼樣的處理方式是比較適合的（Strumpf, 1993）。在輔導考試焦慮的學生時，有時亦可使用心理測驗（如學習態度測驗）來幫助諮商員評估當事人可能有的學習問題，以選擇適當的處理策略。總而言之，在處理考試焦慮的個案時，應採行結合認知、行為、教育的多模治療方式，才能達到降低考試焦慮，同時亦可提昇學業表現的雙重目標。

⬇参考書目

余民寧（民76）：考試焦慮、成就動機、學習習慣、與學業成績之研究。國立政治大學教育研究所碩士論文。

余德慧（民73）：細說考試焦慮的源由。健康世界，*103*，21−23。

李承臣、葉莉薇（民76）：兒童考試焦慮的研究。台北市教師研習中心。

吳眞眞（民75）：談考試焦慮及其評量。諮商與輔導，5，7−12。

吳英璋（民74）：國中學期中考試焦慮現象之調查研究。中

華心理衛生學刊，*2*，131－140。

吳英璋、袁以雯、祝炳珣（民72）：考試焦慮的消除——認知行爲矯治法的實例說明。測驗與輔導，930－934。

林燦南（民80）：鬆弛訓練課程對減低國中生考試焦慮之實驗研究。國立彰化師範大學輔導研究所碩士論文。

張老師月刊編輯部（民73）：減低考試焦慮新法：認知行爲矯治法介紹。張老師月刊，*13*（6），28－30。

張寶珠（民80）：考試焦慮之輔導策略研究。學生輔導通訊，*34*，58－65。

張玨、曾嫦嫦、葉莉薇（民78）：認知行爲矯治法——兒童考試焦慮的輔導。輔導月刊，*25*（1／2），19－26。

董力華（民81）：處理考試焦慮與學習技巧對高考試焦慮高二學生的輔導效果研究。國立彰化師範大學輔導研究所碩士論文。

Chang, M. K. （1986）. *Test anxiety and academic achievement*. （ERIC No. ED 267 118）

Culler, R. E. & Holahan, C. J. （1980）. Test anxiety and academic performance：The effects of study－related behaviors. *Journal of Educational Psychology. 72,* 16－20.

Hunsley, J. （1985）. Test anxiety, academic performance, and cognitive appraisals. *Journal of Educational Psychology, 77,* 678－682.

Libert, R. M. & Morris, L. W. （1967）. Cognitive and emotional components of test anxiety：A distinction and some initial data. *Psychological Reports, 20,* 975－978.

Strumpf, J. A. （1993）. The treatment of test anxiety in elementary school－age children：Review and recommendations. *Child & Family Behavior Therapy,* *15* (4) , 19 – 42.

Tryon, G. S. (1980) . The measurement and treatment of test anxiety. *Review of Educational Research, 50,* 343 – 372.

Wigfield, A. & Eccles, J. S. (1988) . Test anxiety in elementary and secondary students. *Educational Psychologist, 24,* 159 – 183.

Wine, J. (1971) . Test anxiety and direction of attention. *Psychological Bulletin, 76,* 92 – 104.

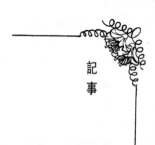

記事

7

抗拒個案處理

鄭麗芬

一、前言

　　在一般的諮商原則中，一直相當強調當事人的自願性和
合作性，Dyer和Vriend（1988）就認為當事人的主動參與是
有效諮商的要件。然而在實務工作的經驗中，卻不可否認的
會經常面對個案拒絕改變的抗拒現象，尤其是在學校、法
院、監獄等機構服務的諮商員必須經常面對一些非自願個
案，這些個案通常抗拒諮商、拒絕改變，帶給諮商員相當大
的工作負荷（Riche, 1986）。雖然抗拒反應不一定出現在非
自願的個案身上，而非自願的個案也不一定即等於抗拒的個
案，即使是自願求助的案主，在尋求改變的過程中，仍不免
會出現一些因猶豫、害怕而來的抗拒，但是對於轉介而來的
非自願個案，更常出現缺乏求助意願的抗拒反應。對於這些
個案，Larrabee（1982）認為雖然諮商員仍極力以同理、尊
重、真誠的反應欲與其建立傳統的諮商關係，卻很難有效。
這些個案進入諮商，很多是由於機構的政策，Aubrey（
1969）就認為在這種諮商員跟當事人都是機構系統下的犧
牲者時，非自願的諮商是很少成功的。如何使這些抗拒個案
的抗拒減低，取得當事人的合作意願，對諮商員來說，是一
個很大的考驗，也可以說是在初期階段處理抗拒個案的重
點。

二、抗拒個案的性質

　　雖然抗拒現象也可能出現在一般主動求助的案主身上，
但其抗拒常是對「改變」的一種過渡反應，而非自願個案，
通常是指那些經由第三者轉介，而且缺乏求助動機的個案

（Richie, 1986），如果給予這些個案自由選擇的機會，他們通常都會選擇避免與諮商員有所接觸，不會主動前來尋求諮商，不承認自己希望被諮商，也不認為這樣的諮商經驗會有價值（Vriend & Dyer, 1973）。他們在進入諮商情境後，經常會表現出抗拒的行為，而本文所指的抗拒個案即是這種本質上缺乏求助意願的非自願個案。這些個案會對諮商員投射出不信任、懷疑、仇視的態度，並且表現出明顯的自我防衛。其抗拒的形式，依照Vriend和Dyer（1973）的看法可以分為三類：

1.沈默型

　拒絕說話，頂多以點頭或搖頭表示意見。

2.敵意型

　對諮商員表現敵意、言語攻擊、不友善。

3.欺騙型

　與諮商員玩遊戲，欺騙諮商員，表現諮商員所期望的反應，過度順從，意圖儘早結束諮商。

　　這些個案以各種可能的方式來表現其對諮商關係的抗拒與不合作，而抗拒的原因，大約也有以下三點：

1.認為接受諮商即等於必須承認自己有問題，或者是承認自己適應不良，這時，就只有以抗拒來保護自己免於受到威脅。

2.強迫個案是由第三者轉介而來，接受諮商等於承認這第三者比當事人自己更瞭解自己。

3.諮商員可以被視為外在機構系統的代表，當事人的抗拒可被視為與機構系統本身的衝突，而非對諮商員個人的抗拒。

　　同樣的抗拒行為，背後隱含所代表的意義卻不盡相同，是諮商員要特別留意並應試圖去正確瞭解的。

三、抗拒個案的處理

在面對抗拒個案的抗拒行為時，諮商員若未能妥善處理，很容易從中遭遇挫折，也很容易因此而表現出諮商員本身的抗拒，在Gramsky和Farwell（1966）的研究中就指出，當當事人對諮商員表現敵意時，諮商員的反應顯得更容易出現負向的行為，尤其是缺乏經驗的諮商員，更容易因此有逃避的現象發生。而諮商員若將當事人的抗拒投射到自己身上，認為是自己的問題使得諮商失敗，則更會形成諮商員的自我挫敗感；當同時承受來自時間和機構的壓力時，諮商員便很容易陷入急躁而顯得缺乏耐心。這些反應對整個諮商過程及對諮商員個人而言，都是一種傷害。

在一開始接觸非自願的個案時，我們可以採取以下幾個做法（Munro, Manthei & Small, 1983, pp. 31－32），來開始諮商關係的建立：

1. 向當事人說明是由誰轉介來的。
2. 向當事人說明轉介的原因，讓其瞭解到轉介者的關心為何。
3. 告訴當事人，諮商員可以為其提供那些服務。
4. 讓當事人表達此時在諮商情境中的感覺。
5. 強調當事人有權決定是否繼續留下來，接受當事人有離開的自由，以做為建立信任的第一步。
6. 當事人依然抗拒幫助時，提供建議其他可以協助當事人解決問題的資源。

對於抗拒個案的處理，相當強調要具有耐心，並且要有高度的敏感度與創造力，不能固著在某一特定的技巧。但在處理抗拒個案時，仍有一些基本的原則可以依循：

㈠結構性的諮商模式

Munro 等人（1983）和 Richie（1986）皆認為在處理抗拒個案時，一個很重要的工作即是要向當事人解釋諮商過程，包括當事人和諮商員在諮商過程中所具有的角色，以讓當事人對諮商關係有正確的認識與瞭解。Vriend 和 Dyer（1973）也提出在抗拒個案的諮商中應採取目標導向的諮商模式，與當事人共同建立行為契約。而這個契約不用膠著於原始轉介的原因，應該根據當事人本身的需求，重新訂定諮商目標（Amatea, 1988）。

㈡立即性直接處理抗拒

諮商員可反映當事人抗拒的情緒，直接予以面質，並試著對當事人的抗拒行為予以建設性的解釋（Vriend & Dyer, 1973），以瞭解當事人抗拒行為所具有的意義。同時也可藉著試圖瞭解的過程中，引導當事人對諮商員解釋表贊同或修正，使當事人能逐漸地參與諮商的進行（Munro et al., 1983）。

㈢跟著當事人的腳步走

Tracey 和 Ray（1984）的研究中證實了在成功諮商的初期階段，諮商員應遵循當事人對諮商關係的定義，以接納的態度吸引當事人維持諮商關係的繼續。在抗拒個案的處理中，更需要配合當事人的步伐，有耐心的跟著當事人走，此時過度的引導或教導都可能引發當事人的更加抗拒。尤其要緊記在心的是，諮商的最終目的是要在當事人的需求下去協助其改變，而不是只因為他人的需要而促其改變。

除了這些基本的原則外，在處理抗拒個案時，諮商員也可以依照自己的個性和方式，選用一些特別的技巧，例如幽

默技術的使用，可以減少由於被強迫轉介所帶來的焦慮或憤怒的情緒，也可以促進諮商員與個案之間的溝通（Huber, 1978）；另外，視時機使用「臨門一腳」（a foot in door）的技術（Amatea, 1988），混淆當事人目前的狀況，引起個案對諮商的興趣；或者使用肯定技巧（Larrabee, 1982），先肯定個案自己有權決定自己所要過的生活方式，接受個案自己的本質，然後再協助其去覺察目前狀況中具有負向影響的部份等，都是有助於關係建立的方法。

　　不過，不管是使用何種技術，一定要在諮商員能很自然的使用時運用，同時也要斟酌個案當時的實際狀況，以切合使用時機，尤其是幽默技術的使用更必須謹慎，否則可能反而會變成一種傷害。如果一項技術諮商員使用起來自己都覺得不舒服，那麼就很難讓當事人覺得有所幫助。

　　抗拒個案的處理是一件富挑戰性的工作，諮商員在面對這樣的個案時，必須審慎觀察當事人自己對其問題的看法，並且要小心地將自己與轉介者分離，以避免和當事人處於對立的地位，而要讓當事人覺得自己是跟他站在同一邊，真誠的關心他的福祉。在澄清個案被轉介的理由後，如果有必要，甚至可能需要將轉介者本身視爲該處理的對象（Amatea, 1988）。

四、結語

　　長久以來，我們皆認爲當事人本身具有改變的意願與需求，是諮商成功的重要因素。於是當被轉介而來的個案處理失敗，或諮商員個人缺乏處理抗拒個案的意願時，這就很容易成爲諮商員逃避的藉口。事實上，這些個案雖然可能不會自己主動前來尋求諮商，並未必代表他們就真的不需要幫助，當他們被轉介來的時候，正是幫助他們的最佳時機，此

時，若能小心處理其所表現的抗拒行為，取得他們的信任與合作，諮商還是相當具有成功的希望。在實務的諮商工作中，抗拒個案幾乎是許多諮商員不可避免的工作負擔，當諮商員面對這樣的個案時，首先就要先檢查自己的反應，避免一開始就將當事人抗拒的目標投射到自己身上，這樣很容易產生先入為主的挫敗感，接著更要自我詢問抗拒的可能來源，對於當事人的抗拒予以立即性的處理，切不可忽略抗拒的存在。

以本案例來說，個案在被轉介到輔導室時，其實也正是其需要獲得協助的時機：個案需要學習如何去利用自己的時間，減少出席不正常的缺曠課情形；心理上也需要獲得支持與引導。但其表現出來的行為也是相當典型的抗拒行為：沈默、簡單反應、表現出「我沒有問題」的樣子。如果輔導人員因其抗拒行為而失去耐心，放棄對個案的幫助，對個案來說將會是相當大的損失。在本案例的處理上，即根據前述所提及的幾個原則，先向當事人說明並澄清被轉介的原因，同時也告知當事人諮商的過程，而在逐漸的引導中，幫助當事人可以建立較清楚的諮商目標；諮商初期的關係建立對於抗拒個案來說，可能需要較長的時間，輔導人員便依循著當事人的速度，有耐心的跟隨；並且在過程中，隨時反映當事人可能有的情緒，對於當事人所表現出來的抗拒行為給予合理的解釋，這些都有助於讓當事人感受到真正的被接納，而願意逐漸放鬆原有的防衛。尤其是過程中幽默技巧的使用，更有助於打破晤談的僵局，使諮商員和當事人都頓時感覺輕鬆不少，讓當事人能開始談自己的狀況。

除了這些基本原則的處理態度外，諮商輔導人員還可以依照自己的風格，靈活使用各種具有創造力的小技巧，例如前文所提及的幽默、「臨門一腳」等，有效的化解個案的抗拒，推動諮商的進行。

⬇参考書目

Amatea, E. S. （1988）. Engaging the reluctant client：
Some new strategies for the school counselor. *School Counselor, 36*（1）, 34—40.

Aubrey, R. F. （1969）. Misapplication of therapy models to school counseling. *Personnel and Guidance Journal, 48*（4）, 273—277.

Dyer, W. W. & Vriend, J. （1988）. Counseling techniques that work. （ERIC Document Reproduction Service No. ED 323469）

Gramsky, N. R. & Farsell, G. F. （1966）. Counselor verbal behavior as a function of client hostility. *Journal of Counseling Psychology, 13*（2）, 184—190.

Huber, C. H. （1978）. Humor：A key to counseling the involuntary referral. *School Counselor, 26*（1）, 9—12.

Larrabee, M. A. （1982）. Working with reluctant clients through affirmation techniques. *Personnel and Guidance Journal, 60,* 105—109.

Munro, E. A., Manthei, R. J. & Small, J. J. （1983）. *Counselling：A skills approach* （revised ed.）. New Zealand：Methuen.

Patterson, C. H. （1986）. *Theories of counseling and psychotherapy.* NY：Harper & Row.

Perlman, H. H. （1979）. *Relationship：The heart of helping people.* Chicago：The University of Chicago Press.

Richie, M. H. （1986）. Counseling the involuntary client.

Journal of Counseling and Development, 64, 516－518.

Tracy, T. J. & Ray, P. B. （1984）. Stages of successful time－liminted counseling： Aninteractional examination. *Journal of Counseling Psychology, 31*（1）, 13－27.

Vried, J. & Dyer, W. W. （1973）. Counseling the reluctant client. *Journal of Counseling Psychlolgy, 20*（3）, 240－246.

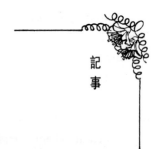

記事

偷竊

陳瑛治

一、前言

　　偷竊是一種很特別的行為，和其他不良適應行為頗不相同，每個人都可能承認他一生中或多或少曾偷竊過他人的財物，所以偷竊可說是一種最普遍，涵蓋面最廣的偏差行為。根據統計，竊盜犯罪佔所有少年（十二歲至十八歲者）犯罪第一位，且其比例高達六成以上；就性別來看，男性佔絕大多數，女性竊盜者較少；若以年齡來區分，自十三足歲至未滿十六歲者，竊盜犯罪人數最多，超過十六歲，則有明顯下降的趨勢，由此可見在國中階段的竊盜犯罪行為比較嚴重（陳孟瑩，民81）。

　　前面的統計數字讓我們了解到偷竊問題的嚴重性，但這些數字就像冰山的一角，祇是代表那些少數移送法律處理的案件，事實上許多兒童、青少年的偷竊行為並未被發現或發現，後因情節輕微、或私下賠償了事而未進入法律程序，所以有記錄的犯罪人數祇佔實際情況中極少的一部分。此外，偷竊行為可能是其他偏差行為的表象，例如少年可能因嗜食安非他命或沈迷賭博性電動玩具，缺乏金錢的來源而走上竊盜之路。

　　面對青少年犯罪人數逐年增加，犯罪年齡逐年降低的趨勢，家庭、學校及社會不能再輕忽青少年犯罪的問題，或彼此推卸責任、互相指責。青少年期是一個人追尋自我，走入社會的關鍵時期，此時，父母師長若未能對青少年的偏差行為給予適當的輔導與指正，可能造成問題行為越形嚴重，日後家庭、社會都必須付出更大的代價。因此本文將探討青少年期的發展特色與偷竊行為的關係、導致青少年偷竊的原因及學校的輔導老師該如何輔導偷竊個案等問題。

二、青少年期的發展特色
與偷竊行為的關係

1. 根據艾瑞克森（Erickson）的理論，青少年期最重要的發展任務就是追求自我認同（self-identity），這個時期孩子開始思考自己是誰，自己能夠做什麼，自己未來能夠做什麼等問題，也就是說在心理上他慢慢獨立出來，可是他的能力不足，仍須仰賴成年人，因此處在「獨立出來」及「依賴父母」的衝突狀態中，孩子常會表現反抗權威、故意和父母的要求背道而行的行為，這個時期，父母親如果不了解孩子的心理狀態與需要，一逕地以權威獨斷的方式限制孩子的需要或行為，孩子則可能因需求不能滿足或心存報復心態，故意讓父母沒面子而偷竊。

2. 心理學家艾肯德（Elkind）曾提出六項青少年思考上的特徵，其中一項是自我意識很強，青少年覺得別人總是在觀察著他的一舉一動（黃慧眞，1989），青少年很在意自己在別人面前的表現，以及他對自己的感受。（榮總精神科編，民82），因此有些個性較好強的青少年，不願讓同學朋友認為他因家境貧窮而買不起零食、玩具、衣服或摩托車，可能就會藉偷竊來滿足自己的需要與自尊，炫耀自己。

3. 在青少年追尋自我的過程中，除了與父母分離之外，就是要尋求新的認同對象，其中同儕成為最重要的人，同儕團體的影響力到底有多大呢？專家指出，其影響所及包括服飾、髮型、休閒活動、是否吸毒及對學校功課的用心程度，簡言之，就是大部分的日常行為（黃慧眞，1989）。如果青少年受到同儕團體的不良影響，很可能就發生偏差行為。我們發現少年案件與成年案件最大的

不同在於同案共犯人數較多，有時一件單純的竊盜案，同案少年人數在四、五人以上，少年意圖行竊時，為了壯膽及得到協助，他會說服同學、朋友一起行動，被唆使的少年基於貪念或朋友道義，再加上心想提議主導的人不是我，即使被發現亦無多大責任，很容易被唆使者打動，因此同儕壓力再加上罪責分擔的心理使得青少年犯下偷竊的行為（陳孟瑩，民81）。

4.若以柯柏格（Kohlberg）的道德發展論來解釋青少年的偷竊行為可發現，青少年正處於道德成規期，他們忠於團體，認為能夠得到別人認可的行為就是好的，它的危機就像前面提到的，如果是向不良的同儕壓力屈服，就會發生偏差行為。此外，這個時期的特色是強調嚴守法律規約，認為能維護社會秩序的行為便是好行為，然而我國學校的法律教育頗為欠缺，多數學生缺乏正確的法律知識，很容易在似懂非懂的情況下誤蹈法網，例如收受贓物贓款、擔任把風、借騎贓車等行為均已違法，但許多人觸犯法律後還不知道自己錯在那裡（張景然，民81）。

綜合上述可知，青少年在心理、社會、認知、道德發展上，正處於自我認同與混淆、獨立與依賴、自主判斷或依循社會法律規範的衝突階段，在這個時期，青少年極易因個人衝動決定或外力的影響而誤入歧途，因此，如何充分了解青少年的需要與心理，給予適當的引導與指正，是家庭、學校、社會所應共同擔負的責任。

三、偷竊行為形成的可能原因

偷竊行為形成的原因非常複雜，且每一個個案偷竊的動

機也都不同，因此輔導者在輔導時應考慮問題的個別性，茲綜合不同學者的看法，歸納出下列原因（劉焜輝，民73；張景然，民81；陳孟瑩，民82；曾瑞真，民83）：

㈠生活之需要

青少年可能因生理上的需要，如飢餓、口渴或缺乏生活必需品而有偷竊行為，所謂「飢寒起盜心」。但目前社會富足，因缺乏基本生活所需而偷竊者已非常少見，較多是受某些偏差的社會觀念影響，以致急功近利，追求虛榮奢靡的享受，禁不起物質誘惑故鋌而走險。

㈡缺乏所有權觀念

這種情形特別常見於兒童竊盜犯，他們對所有權觀念缺乏正確的認識，分不清公與私、人與己的不同，以致順手牽羊，偷拿別人的財物。

㈢受同儕不良習慣的影響

由於交友不慎，或受鄰居之間與不良分子的威脅利誘，而集體從事偷竊行為，最常見於幫派及偷竊集團，偷竊者不僅沒有罪咎感，反而會得到同儕的認可與英雄式的崇拜。

㈣出於反抗或報復的心理

藉著偷竊行為來做為報復的手段，例如自己的機車丟了，就偷別人的；或是藉偷拿父母財物來反抗父母的權威，或讓父母親生氣、沒面子而達到報復的目的。

㈤家庭問題的影響

有些偷竊個案是來自不道德的家庭，父母親貪圖小便宜，發現子女拿了別人的東西，並沒有加以處罰；有些父母則是對子女疏於管教，對孩子在外的行為不聞不問；這些孩

子最容易出現偷竊的行為。此外，有些父母對孩子的零用錢管制得過於嚴格，孩子因無法滿足個人的需求，可能藉著偷竊來得到個人想要的財物。

(六)精神異常的症狀

這是因精神疾病所引起的，病人為減輕內心的焦慮不安，而不由自主的，強迫性的偷竊，如竊盜癖或戀物症者。

(七)證明自己的能力與才智

有些青少年會藉著偷竊行為來證明自己的能力，如果偷東西未被發現，他會認為自己是聰明的，而得到成就感。

探討偷竊行為形成的原因可以發現，青少年偏差行為的產生，不袛是青少年本身的需求或性格所致，父母親的關心注意與家庭教育、學校的教育、同儕團體的影響及整個社會的風氣與價值觀都有舉足輕重的影響。

四、如何輔導偷竊個案

由於導致青少年偷竊的原因涵蓋家庭、學校、社會等層面，因此在輔導這一類個案時，是需要從法律、家庭教育、學校教育與社會教育等方面來做一通盤的考慮，本文將從學校輔導教師的角色與立場來討論偷竊個案的輔導策略，而有關法律保護管束，家庭或社會教育的部分則非本文討論的重點。

(一)輔導老師的角色

通常偷竊個案都不是自願個案，他可能是被導師或教官轉介至輔導中心的，甚至是被記過處罰後交付追蹤輔導的，

面對這類非自願個案，輔導老師如何與學生建立關係，引發他改變的動機是非常大的挑戰。而在面對導師或校方訓育人員的委託與期望時，輔導老師應了解自己的職責與限制，此外，輔導老師可能需要和個案家長，甚至與觀護人員連繫，面對不同的對象（個案、學校訓育人員、導師、父母、觀護人），輔導人員應清楚自己的角色，以發揮最大的功能。

(二)輔導步驟

1.輔導前之問題評估

當偷竊個案被轉介給輔導老師時，輔導老師除了解個案的基本資料外，應從轉介者處收集下列資料以增進對個案問題的了解：

(1)偷竊行為在那裡發生的？

(2)如何發生的？

(3)有無其它共犯？

(4)被偷者有無報警？

(5)其他人（包括同學、室友或父母……）知道這件事嗎？他們的反應如何？

(6)個案以前是否有過類似的行為？頻率如何？

(7)校方的反應或處理？是否記過？

(8)個案本身的反應為何？

2.如何與個案建立關係

前面曾提到這類個案常是非自願個案，因此如何建立信任的輔導關係，降低個案的抗拒是首要之務。輔導老師的態度非常重要，應以尊重、接納的態度對待個案，不要表現輕視、批判的行為，以真誠、同理心的態度鼓勵個案表達他的情緒與想法，輔導員應澄清自己的角色，表達協助個案改變的動機，並與個案共同訂定具體可行的目標。

3.了解個案偷竊的動機

所謂「對症下藥」，唯有了解個案偷竊的原因，才能擬

97

定有效的輔導策略。

4.擬定輔導策略並執行

一般而言，輔導技術包括處理情緒、認知或行為等三大類，輔導者應評估偷竊個案的問題根源，採用適當的輔導技術與策略，以下僅舉幾個技術為例：

(1)處理情緒的技術

如以同理心，情緒反映或空椅法等技術來處理個案不被父母喜歡或被同儕排斥的感受，藉著同理心訓練或角色採取（role – taking）的練習使個案體會被竊者的感受，體驗自己的行為如何造成他人的痛苦。

(2)改變認知的技術

以思考中斷法打斷偷竊的念頭，教導法律知識及所有權觀念，以降低因無知所致的偷竊行為。

(3)行為改變技術

輔導員可以與個案訂定契約，增強不偷竊的行為，懲罰偷竊行為，以減少偏差行為出現的次數。施以想像法，想像偷竊行為所導致的不愉快結果，若再有偷竊行為出現，則以隔離法將其隔離於愉快的環境之外。此外，給予自我肯定訓練，教導個案如何對抗同儕壓力。

5.評估輔導成效，建立個案積極正向的自我觀念

輔導偷竊個案的最終目標，除了杜絕偷竊行為的再次發生，最重要的是使個案有「昨日之我已死，今日之我方生」的心理重建，以建立個案的自我價值感及正向的自我概念。

6.轉介其他機構

對於屢犯不改、偷竊成癖的學生，需連絡家長轉介其他機構，例如：精神科、社區或私立的專業輔導機構，以接受進一步的輔導。

㈢如何協助偷竊個案的父母親

在輔導偷竊的個案時，父母親的參與是非常重要的，當輔導老師與個案父母親接觸時，可就該父母親對子女的管敎態度、親子關係做一評估，對於那些尙關心子女的父母，輔導老師能做的是：

1. 同理並接納父母親的情緒，不要給予批評或指責。
2. 協助父母親接受孩子偷竊的事實，共同面對並解決問題。
3. 提醒父母親平時多注意孩子的用錢態度與方式，零用錢的供給勿過鬆或過緊。此外，注意孩子平常的交友。
4. 提醒父母要體認自身的責任，多關心孩子的想法與需要。
5. 提醒父母親的金錢財物應妥善保管，不要給孩子可乘的機會。

五、結語

青少年期是一個人邁進社會、接觸人群的重要時期，這個時期的孩子若因一時衝動無知而誤蹈法網，可能會造成一失足成千古恨的遺憾，因此面對這些有偏差行爲的青少年，父母、師長或社會人士應以關懷的態度、接納的心、有效的輔導策略，協助他們跌倒後還能站起來。

➡參考書目

吳英璋、鐘思嘉（民75）：青少年個案輔導實例彙編，頁87－94。行政院靑年輔導委員會。

榮總精神科編（民82）：青少年的激盪，頁142－145。台
　　北：張老師出版社。

國立台灣師範大學學生輔導中心編（民77）：大專院校學生
　　常見問題及輔導實例，頁167－180。台北：天馬文化事
　　業有限公司。

黃慧眞（1989）：發展心理學，頁426－450，445－454。台
　　北：桂冠圖書股份有限公司。

曾端眞（民83）：兒童問題行為的評估。諮商與輔導，*98*，
　　34－38。

陳孟瑩（民81）：少年竊盜犯罪行為之探討與處遇。諮商與
　　輔導，*80*，7－10。

陳孟瑩（民82）：兒童竊盜行為的成因與處理。諮商與輔
　　導，*85*，7－11。

張景然（民81）：偷竊行為的成因與處理策略。諮商與輔
　　導，*80*，11－16。

劉焜輝（民73）：青少年不良適應行為，頁67－70。台北：
　　天馬文化事業有限公司。

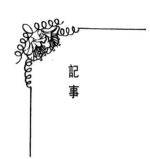

記事

藥物濫用

劉如蓉

一、前言

藥物濫用問題普遍存在於我們的社會,已是不爭的事實。根據我國法務部在八十一年的統計資料顯示,濫用安非他命的人數是八十年的 157 倍,濫用海洛因等毒品的人數亦較八十年增加 130%,這些藥物濫用者快速擴增的比例,實不容輕忽其氾濫的嚴重性。然而更令人憂心的是,青少年濫用藥物的行為亦節節高升。依照法務部(民 81)的統計,少年刑事案件中以違反麻醉藥品管理條例位居首位(30－47%)。這類濫用藥物的行為一日不加以禁戒與輔導,勢必導致更多的疾病、意外傷亡及其他層出不窮的社會問題。

儘管藥物濫用的問題充斥著我們的社會,但為數不少的人仍然低估藥物濫用的嚴重性與普遍性。尤其要確認出青少年蒙受其害的信號與範圍並非易事,無形中這種祕密性的地下活動日益坐大,徒增防毒與處遇工作的困難。

另外,一般人對於藥物濫用的本質多未能具有正確的認識與態度,造成今日預防與補救工作上的隱憂。例如,在介紹藥物的種類、性質、作用等相關知識上仍屬有限;反毒宣導的內容流於誇大單向的負面訊息,而難以發揮有效說服力;描述藥物濫用者的人格特質,多以自暴自棄、咎由自取或以不道德、罪犯等字眼視之;或以偏概全地認為藥物濫用為中下階層的副產品等。殊不知藥物濫用的動機可能只是為了娛樂目的,濫用者也可能是個人、家庭、同儕和社會情境交互作用下的受害者,並非僅是單純的藥物濫用問題。藥物濫用已橫跨各階層,更增加其文化背景的複雜性。所以,澄清一些似是而非的觀念,建立較完整、客觀的認識,實是解決藥物濫用問題的基礎。

都市化愈高的城市屢被諷為「藥物的天堂」。事實上這

隻看不見的黑手，也快速地滲透到其他鄉鎮地區。無可倖免的是，由於學校的學生單純，因應能力有限，爲情義而不張揚出去的心理，更使不肖人士有機可乘，於是乎學校竟是毒品蔓延的溫床之一。爲了防範毒品的氾濫，配合社會的反毒政策，學校陸續將藥物濫用的防治與處遇，列爲輔導重點工作。即以美國爲例，根據 Hawes 等人（1990）及 Ritchie 和 Partin（1994）曾針對學校諮商員進行工作需求評估，發現其中 72％ 的人一致強調藥物濫用諮商的必要性與迫切性。爾等希望能從藥物教育的宣導中，正確地認識藥物的本質，對於藥物濫用的青少年，並詢求家長共同參與藥物濫用的諮商過程，進而有效地改善青少年在家庭、學校生活中，因適應困擾所誘發的藥物濫用行爲，積極建立起健康的生活型態。

當前青少年較常濫用的藥物，是以中樞神經系統興奮劑類的安非他命最多，麻醉止痛劑類的海洛因等次之。基本上，不同的藥物對使用者的感覺、認知、情緒和行爲等均會產生不同的作用，然而彼此間仍具有許多共通性（例如：耐藥性、心理或生理依賴性、多所雷同的戒斷反應等）。所以，瞭解藥物濫用的嚴重程度似乎比去區辨藥物的種類還來得重要。更何況正如Fals－Stewart（1993）所言，藥物濫用者甚少將自己侷限於一種藥物，故較難指出某種藥物對當事人的眞正作用何在。於是有關藥物的類別，本文將不做介紹。

二、濫用藥物的因素

大體而言，青少年依賴藥物的機率並不高，但是若不及早治療，即將成爲明日的成人藥癮者。所以針對青少年實施反毒教育與輔導，必然是重要的紮根工作。有關濫用藥物的

成因不盡相同，然而，青少年正值身心和社會劇變的發展階段，卻可能因為適應不良，而選擇藥物來解決個人問題。接下來，本文將從社會系統、家庭系統以及自我系統探討出青少年為什麼濫用藥物的因素：

(一)社會系統因素

社會系統的範疇很廣，根據青少年的生活經驗，僅就學校、同儕團體以及大眾傳播媒體加以陳述濫用藥物行為的形成背景。

學校是啟發學生認知、情意與技能的重要場所，憑此功能協助學生得以適應社會生活與實現自我。不幸的是，有人對學校心存懷疑、失望或反感，例如師生或同儕關係不和諧、學業成就低落、學習動機匱乏、社交技巧不足、甚至中途輟學等適應不良情形，皆易讓藥物濫用乘虛而入。

部分傳播媒體過份渲染，易使青少年在缺乏其他相關訊息的佐證下，誤以為這種外來的藥效能夠減輕痛苦，增加快樂。同樣地，街頭上濫用藥物的行為橫行，乃是不良的示範效果所致（Schuckit, 1989； Schilit, 1991）。

同儕在青少年人際關係中是極具關鍵性的一部份。人們藉由這種「人－我關係」經驗，發展出特有的社會聯結力（social bonding），分享著彼此認可的規範，並對雙方的重要性發生明顯的情感依附（attachment），建立和社會價值有關的信念（belief），共同許下承諾（commitment），積極的投入（involvement）在某些功能性活動中（Gibbons & Krohn, 1986； Schuckit, 1989）。一旦毒友取代了這種社會聯結力，就如同發生病變的細胞，不斷地排除異己，快速地擴散出去，而以「化外之民」自居，和其他非毒友者顯得扞格不入。藥物濫用的青少年為了抵擋這種局內外交相矛盾的衝擊，不免更依賴毒友而每況愈下。

其實，從很多的實務經驗裡一再發現，同儕團體對青少

年朋友的吸毒行為確實有其不容忽視的影響力，有時甚至還遠超過家庭和學校的控制力。不論如何，通盤掌握藥物濫用者的社會因素，是極為重要的一環。

(二)家庭系統因素

近來，有關家庭系統特質對青少年藥物濫用的關係備受關注。依Tisak等人（1994）的研究指出，愈年輕的青少年認為家長有權告誡他們遠離藥物濫用的同儕，並同樣要求同儕遵守這些規則。倘若家長能訴之以理，則反毒效果更顯著。由此可知，父母對藥物所持的態度，以及對子女交友行為的規範均是影響子女是否拒絕毒品的要素。

親子關係附屬在社會系統之下，是最早以直接而密切的方式決定兒童和青少年的心理特質。就家庭的聯結（family bonding）程度看來，若父母過度介入子女的生活，使其失去獨立、自主的分化需求，或者關愛的剝奪、疏離、不睦的親子關係，易使青少年置身於藥物濫用的選擇上。另外從家庭的功能而言，如果家庭趨於穩定、有彈性、開放、一致的溝通，以及具備適應能力等，不僅能減少藥物的擺佈，也能順利解決家庭的衝突與困難。關於父母的管教行為中，如果能夠採用支持、引導式要比愛的剝奪、強制性監控，更有助於青少年遠離藥物的蠱惑（Anderson & Henry, 1994）。

由此看來，青少年濫用藥物的問題，家庭成員均難辭其咎。尤其不少青少年在自己家中或在朋友家中吸食的習慣，也正透露出其家庭功能失調。此時，如果能對家庭進行總體檢，改善家庭的氣氛，同心支持吸毒的家人走出陰霾，將能發揮事半功倍的效果。

(三)自我系統因素

一些學者試著從人格特質中去發現青少年濫用藥物的潛在因子，例如以自我為中心、缺乏責任、反抗權威、情緒易

怒、暴躁或鬱鬱寡歡、猶豫不決、自欺欺人、外控型、強迫型、反社會或者逃避型等人格特徵和濫用藥物行為有較高的關聯性（Schilit, 1991）。這些特質的共通性在於缺乏自信、不擅與人相處、挫折容忍力低、無助、經常表現出紛歧的防衛行為如合理化、否認、投射、虛張聲勢、退化、全有或全無的思考方式等，這類的青少年通常也較容易接受藥物，甚至對藥物會有錯誤與僵化的觀念。究竟有那些對藥物似是而非的認知、經驗，讓青少年趨之若鶩（Schilit, 1991）？

1. 帶來自信、有希望、快樂、安適、幸福感。
2. 解除壓力、無憂無慮、暫時逃避焦慮與挫折。
3. 只要個人願意，隨時可中止而不會上癮。
4. 強勢同儕壓力的誘導，作為青少年獲得團體歸屬感的慰藉途徑。

此外，Bandura的社會學習理論也可以解釋藥物濫用的形成歷程，他認為個人對嗑藥的心理和藥物濫用行為是相互決定的。雖然期待引起行為反應，但是早期的行為經驗又會改變期待。於是不論來自親身或觀察學習的早期經驗，皆會直接影響青少年對藥物的期待（Stacy et al., 1991）。

青少年對藥物的認知程度將是決定個人是否濫用藥物的依據。因此，實施正確的藥物教育乃勢在必行。另外，個人的自我功能是否能承受得住生活事件的壓力與情緒緊張的衝擊，亦是衡量藥物濫用的重要指標。所以如何協助青少年面對當前的身心發展任務，建立正向的自我觀念，增進社交技巧與因應生活的能力，均是當務之急。

三、諮商方案的階段

縱使「醉翁之意不在酒」，青少年甚少純粹基於消遣、娛樂目的而濫用藥物，畢竟在貪圖一時藥效的背後，潛藏著主要的發展上和情緒困擾才是解決他們問題的核心。所以，處理青少年藥物濫用的諮商目標，在於幫助他們禁用任何改變心情的藥物，解決發展上的危機，建立適應良好的生活型態。本文融合個別諮商與家族治療為基礎，先對濫用藥物的青少年作緊急處理，接著去調整青少年的生活型態，進而防範藥物濫用的復發現象。原則上，這種諮商方案可分為三階段，將分別介紹於後：

㈠評估與參與去毒的階段

Henggeler和Borduin（1990）兩人認為，由於長期藥物濫用的破壞性非同小可，一旦它成為個人的生活方式，縱然努力改善其他系統上的問題，其效果亦事倍功半而難以彰顯。所以首先處理藥物濫用的問題，及時要求他們戒斷藥物，要比處理個人和其他系統問題更為迫切與重要。

青少年濫用藥物有其階段性，想要早期發現並不明顯，除非青少年親口承認。Henggeler和Borduin（1990）有見於此，提供幾項指標，供作初期評估的依據。例如，這類青少年意外事件頻傳；難以預測的情緒變化；舉止神祕不可測；不參與家庭活動；刻意脫離和孤立自己；不斷地說謊、偷竊、詐欺、偽造；防衛、武裝自己；不負責任；和家人關係破裂；學業不振；記憶、思考、解決問題等認知功能失調；抗拒規範與權威；情緒不成熟；缺乏罪惡感、從不認錯；言行呆滯、無神；逃家；有自殺的意圖、說詞等。

為了協助諮商員深入瞭解青少年究竟發生了什麼事，父

母和家人在提供重要訊息上扮演了重要的角色。有了這些重要訊息，諮商員或其他專家可參考六個一般特性（Doweiko, 1990；Henggeler & Borduin, 1990）鑑定出青少年藥物濫用的程度：(1)偶而為了改變心情，或為了社交因素而使用藥物；(2)為了社交或心理困擾而大量使用藥物；(3)原本早期依賴改變心情的藥物因持續使用而呈現短暫的生理中毒現象；(4)長期、大量地濫用藥物，導致慢性中毒現象（如：認知減退、情緒不成熟、生理障礙、社會功能退化）；(5)崇拜藥物、強迫地汲取、收藏藥物、堅信要靠藥物才能維持功能；(6)妄想等精神症狀出現。

　　廣泛蒐集藥物濫用當事人的用藥歷史（包括藥物種類、中毒程度及症狀）、家庭動力、心理及社會功能等資料，其目的並非是逼迫他們無所遁形、俯首認罪，最主要是讓真象大白，使當事人得以卸下偽裝的壓力，真實地進入諮商情境，諮商員才能有效地擬出處遇計畫。

　　藥物濫用的當事人接受諮商的動機並不高，他們幾乎由家人轉介而來，表現出敏感多疑、防衛、欺瞞、憎恨、沉默等抗拒的特質。諮商員為取得當事人同心協力的承諾，必須謹慎地營造出信任、支持的諮商關係。這種溫暖、關懷的同盟關係，可透過下列途徑達成：

1.徵求家長共同參與。鼓勵父母從日常生活細節，確定當事人濫用藥物的蛛絲馬跡，讓當事人坦承、面對事實而不是矢口否認。另外，諮商員宜鼓勵父母家人共同承擔青少年戒斷藥物的責任，而停止對當事人的指責，並且緩和親子和手足間的怨懟與疏遠氣氛。

2.父母採取「不屈服的愛」（tough love），迫使其子女接受諮商。Henggeler 和 Borduin（1990）兩人設計出「不屈服的愛的測試」（tough love test），由父母堅決地告訴青少年：「我們無法接受你未經許可即私自使用藥物的行為。我們知道你已經使用過藥物，現在你必

須立即禁藥。如果你再用一次，那麼我們將馬上送你接受化驗與治療」。當此之前，父母必須有相當的證據及充分的準備，才能讓當事人信以為真，並感受到父母堅定的語氣。

3.父母為了強制子女接受治療，不惜斬釘截鐵地告訴他們：「當你決定合作接受治療，則家門為你而開。如果你不禁藥，又不肯接受治療，那麼我們不能讓你留在家裡。」其實真正為此離家的青少年為數不多，如果他們真的負氣出走，稍後其朋友的家長也會儘快地通知父母（Henggeler & Borduin, 1990）。

4.諮商員同理當事人的心理掙扎，掌握當事人濫用藥物其背後的真正動機與需求，告訴他們，實際上他們也是家庭功能不良下的受害者，不應該自責太深，如果他們不想讓事情惡化下去，禁用藥物乃勢在必行的抉擇。

5.教育當事人，提供藥物濫用的正、反二面訊息，由當事人明辨出長期依賴藥物只會教自己付出更大的代價，對個人的問題依然於事無補，而唯有停止依賴藥物，問題才有解決的可能。

　　真誠、信任與被瞭解、支持的同盟關係，乃是穩定、激勵當事人投入諮商的要件。過早或不當的面質，易使當事人臨陣脫逃。此時，加上諮商員握有各方評估所得的訊息，才能確切、快速地處理危機，讓當事人在環境所迫的情況下，毅然參與去毒的諮商計畫。

(二)改變生活型態的行動階段

　　青少年因為濫用藥物而使過去生活型態中所面臨的困擾依然存在，甚至變本加屬。於是在瞭解當事人的優點與缺點之後，適時提供有效的因應技巧與合理的認知，才能真正解決發展上的限制。以下將提供一些認知－行為治療取向的諮

商技巧，包括：

1.重建認知／重新界定意義（reframing）

有關「藥物可以改變心情」、「藥物爲希望、創造力之源」、「用一點也不會上癮」……等自欺欺人的想法，引導當事人加以澄清與駁斥，從而對藥物建立正確的認識。

諮商員教導當事人試以第二隻眼，亦即從另一種角度重新去界定其生活型態下各行爲的意義。例如濫用藥物的心理需求，可能是爲了逃避父母的衝突，或者爲了減輕家庭系統改組的威脅性，而採取的一種替代性選擇，這種重新界定適應不良行爲的意義，使其重創的自尊心，再度受到重視，燃起改變的希望與勇氣。

2.慎用選擇性的抽離思考（selective abstraction）

濫用藥物的青少年經常持有負向的自我觀念，並聽任相同的訊息來肯定這種被抽離出來的想法，於是對正確的訊息則一味予以扭曲或充耳不聞。爲了防止這類不切實際的想法氾濫，諮商員宜協同當事人審慎判斷所引用的抽離思考是否合乎現實（Way, 1994）。

3.教導成熟情緒的表達

諮商員教導當事人如何確認情緒語言，並能適當地表達情緒而不傷及他人。當某種情緒將爆發時，可以透過想像方式，讓焦慮的感覺與正向的情緒經驗同時存在而形成相互匹敵的效果，避免負向情緒獨占心頭，因而克制吸毒的慾望。

4.施予問題解決技巧／肯定訓練

教導青少年如何做決定，並且肯定地對藥物說「不」。當青少年置身在同儕壓力或社交上濫用藥物的情境時，藉由角色替代的經驗，反映出同儕的想法與感受，再以婉轉的語氣，說出個人之所以拒絕使用藥物的理由（Paisley et al., 1990）。

5.教導溝通技巧

濫用藥物的青少年原本就不擅於人際溝通，濫用藥物之

111

後，對家人、一般人更退避三舍，破壞了正常的人際關係。所以，指導當事人學習或演練真誠、直接的互動態度、注意口語和肢體語言一致的溝通方法，期能建立良好的人際關係與技巧。

(三)維持與預防復發的階段

當事人在第二階段的學習行動中，或多或少仍有使用藥物的可能，所以到第三階段，不僅繼續加強合理有效的認知、情緒與行為技巧，尚須預防當事人回到處遇前使用藥物的病態習慣。本階段的另一目的，乃期望當事人將在諮商情境中所學的因應技巧，能成功地類化至真實的生活之中。

為了確保處遇效果能夠落實在當事人的現實生活中裡，並降低復發的危險性，甚至可以要求當事人延長處遇時間。另外，Bradley 等人（1987）和 Seidel 等人（1994）等人特別強調，善加運用外在的社會支援，包括可提供具有保護性功能的朋友、工作、消遣、娛樂、或其他社區、機構的協助，藉由這些外援力量，足可堅定當事人自我控制的信心與能力感。

藥物在過去的社會是用於減痛、袪病和降低不幸感，而今卻有為數不少的人，利用藥物來達到娛樂效果——改變心情，而忽略了藥物本身的特質、使用者的生理功能、使用者的心理狀態、社會環境等交互的影響力，徒增藥物傷害的威脅，這一點應當是宣導藥物教育的目標之一（Blum, et al., 1976）。

鑑於青少年正處於身、心及社會功能發展變化最大的階段，若因一時失意、沮喪、人際關係受挫、交友不慎、而來期待藥物發揮短暫及假性的焦慮解除，或作為反抗權威、促進欣悅與安樂感的手段，將會剝奪個人發展其積極適應技巧的機會。因此，提供合理、有效的認知系統、情緒管理、解決問題方法，以及促進人際溝通的社會技巧訓練，皆是提昇

青少年自信與自我效能的有效途徑，也才能根本杜絕毒品的危害。

　　爲了重建濫用藥物青少年的生活型態，發揮戒毒與反毒的功效，在諮商員的協助下全家必須總動員，展開一種全面而長期的耐力賽。尤其父母更要以堅定的決心，發出「不屈服的愛」，激勵當事人產生求助的動機，進而接受諮商的處遇措施。同樣地，各種社會資源不斷的支持，亦是防治藥物濫用、預防復發的重要基礎。如此一來，濫用藥物的青少年才能從「天使之怒」、「無助之淚」的陰影中，閃爍出「希望之光」。

➡參考書目

Anderson, A. R. & Henry, C. S.（1994）. Family system characteristics and parental behaviors as predictors of adolescent substance use. *Adolescence, 29*（114），405－420.

Blum, R. H., Blum, E. & Garfild, E.（1976）. *Drug education：Result and recommendations*. Lexington, MA：Heath.

Bradley, B. P., Gossop, M., Green, L. & Phillips, G.（1987）. What happens to opiate addicts immediately after treatment：A Prospetive follow－up study. *British Medical Journal, 294*, 1377－1380.

Doweiko, H. E.（1990）. *Concepts of chemical dependency*. Brooks／Cole Publishing Company.

Edwards, G. & Lader, M. H.（1990）. *The nature of drug dependence*. Oxford University Press.

Fals－Stwart, W.（1993）. Neurocognitive defects and

their impact on substance abuse treatment. *Journal of Addictions and Offender Counselor, 36,* 11 – 17.

Gibbons, D. C. & Krhn, M. D. (1986). *Delinguent behavior.* Prentice – Hall, Inc.

Hawes, D. J. et al. (1990, September). Alcohol and drug abuse : A needs assessment of rural counselors. *The School Counselor, 38,* 40 – 45.

Henggeler, S. W. & Borduin, C. M. (1990). *Family theray and beyond : A multisystemic approach to treating the behavior problems of children and adolescents.* Brooks / Cole Publishing Company.

Oetting, E. R. & Beauvais, F. (1988). Adolescent drug use and the counselor. *The School Counselor, 36,* 11 – 17.

Paisley R. et al. (1990). The dilemma in drug abuse prevention. *The School Counselor, 38,* 113 – 112.

Ritchie, M. H. & Partin, R. L. (1994). Parent education and consultation activities of school counselors. *The School Counselor, 41,* 165 – 170.

Schilit, R. (1991). *Drugs and behavior : A sourcebook for the helping professions.* Sage Publications, Inc.

Schuckit, M. A. (1989). *Drug and alcohol abuse.* Plenum Medical Book Company.

Seidel, R. W. et al. (1994). Theoretical and practical foundarions of an inpatient post – traumatic stress disorder and alcoholism treatment program. *Psychotherapy, 31* (1), 67 – 78.

Stacy, A. W., Newcomb, M. D. & Bentler, P. M. (1991). Cognitive motivation and drug use : A 9 – year longitudinal study. *Journal of Abnormal Psychology,*

100 (4) , 502 – 515.

Tisak, M. S., Tisak, J. & Rogers, M. J. (1994). Adolescent's reasoning about authority and friendsip relations in the context off drug usage. *Journal of Adolescence, 17,* 265 – 282.

Trapold, M. (1990). Adlescent chemical dependency. In Scott W. Henggler, Charles M. Borduin (ed.). *Family therapy and beyond : A multisystemic approach to treating the behavior problem of children and adolescents.* Brooks / Cole Publishing Company.

Way, N. et al. (1994). Depression and substance use in two divergent high school culture : A quantitative and qualitative analysis. *Journal of Youth and Adolescence, 23* (3) , 331 – 357.

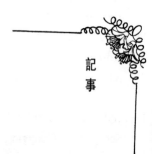

記事

憂鬱症

鄭麗芬

一、前言

在一些主要的心理疾病中，憂鬱症的發病率相當引人注意（Banken & Wilson, 1992），而且也一直在增加中（Gotlib & Colby, 1987）。根據研究調查即發現：男性有將近 8－11％；女性有 18－23％ 曾經在一生中至少發病過一次（Davison & Neale, 1990），黃堅厚博士也曾指出：依據全世界衛生組織的統計，全世界有 3％ 的人被認為患有憂鬱症，人數約有一億兩千萬左右，而經常表現憂鬱情緒者，一定比一億兩千萬更多（黃堅厚，民80）。由此可見，即使憂鬱的傾向未達到臨床上的診斷標準，在現代的社會節奏中，勢必有愈來愈多的人，為憂鬱情緒所擾。其中，輕度到中度的憂鬱癥候，在青少年階段就是相當普遍的經驗，甚至有 40－50％ 的青少年經驗了中度到重度的憂鬱癥候，尤其到了青少年後期，憂鬱的情形更為普遍（White, 1989）。這個現象是非常值得在學校擔任輔導工作者以及社區有關的心理衛生機構相關人員共同加以重視，同時需要有應對的策略，以預防和協助有憂鬱傾向的學生和社會大眾重拾積極、健康的人生態度。

一旦為憂鬱情緒所困擾，不論是兒童或是成人，都可能影響其平時正常功能的運作，例如對於兒童而言，即經常會伴隨著睡眠障礙、身體不適，並且影響其在學校的表現；對於成人而言，則表現出情緒障礙、對事物缺乏興趣，並且無法對日常活動感到樂趣（Gotlib & Colby, 1987）；同時，研究也指出：憂鬱情緒會影響到個人問題解決的能力（Marx, Williams & Claridge, 1992）；更甚者，可能會影響個人的生存意志，而引發自殺行為。可見，這樣的情緒對於個人的適應能力所造成的影響令人不得不予以重視。

118

二、憂鬱情緒的特徵

所謂的憂鬱情緒，可能具有以下幾種特徵（Davison & Neale, 1990）：

1. 沮喪、悲傷的情緒，對兒童或青少年而言，則可能是易怒的情緒。
2. 食慾減少、體重減輕或是食慾增加、體重增加。
3. 睡眠障礙。
4. 改變活動層次：躁動或呆滯。
5. 對日常活動失去興趣和樂趣。
6. 失去活力，非常疲累。
7. 負向的自我概念：自責、自貶、無價值感和罪惡感。
8. 注意力減退、思考緩慢、無決斷力。
9. 死亡或自殺意念的反覆出現。

根據DSM－Ⅲ－R的診斷標準，則必需在兩週的時間內，出現上述特徵至少五項，且由原先功能明顯改變，而至少症狀之一為憂鬱心情、或失去興趣及喜樂（孔繁鐘，民80, pp. 127－128）。但在平時，當我們發現求助者具有上述的這些特徵時，即應能據此特徵提出因應的處理策略，以預防其憂鬱情緒的惡化。這些癥候的表現，對於成人和兒童、青少年來說並不盡完全相同。例如對於成人來說，大約都可見明顯的情緒低落與退縮的社會行為，但在兒童和青少年而言，情緒上的障礙卻常是和偏差行為相伴出現，而讓人很難區辨（Coleman, 1986）。因為對於這些未成年的兒童與青少年來說，他們常會以外顯的攻擊、躁動等行為來表現其情緒上的不良適應。因此，對於兒童與青少年的偏差行為則更需要謹慎的去解讀其背後所蘊含的情緒意義。

三、憂鬱症的成因

對於憂鬱情緒的來源，我們可以分從以下幾個方向來看：

(一)壓力的生活事件

對於憂鬱症的病理因素，從心理分析的解釋來看，可以發現與早期的失落經驗和父母的教養方式有著密切的關聯（Davison & Neale, 1990； Gotlib & Colby, 1987；陳若璋，民77，民80）：由於早期的教養方式，導致個人在發展階段上的固著，以致對於早期的失落經驗產生了錯誤的認同，引發個人的自責，並將因自責而來的憤怒情緒內射，形成自責、內疚、無活力的憂鬱症。而生活上發生的壓力事件就成了爆發憂鬱情緒的重要導火線。尤其是對於青少年來說，正值成長過程的轉換階段，真實的生活壓力，如與父母的爭執、同儕間的衝突等一些親密關係的緊張，甚而體型上的改變等，都可能引發憂鬱的情緒。例如影片中所提到的大一新生，由於初次離家，生活方式改變，產生適應上的困難，尤其是本身可能即缺乏適當的社交技巧，離家後更感覺到缺少社會支持的來源，使自己更顯孤立。從心理分析的觀點來看，即可解釋為這個女孩開始感受到一種失去童年和來自家庭環境支持系統的安全感，就由於這種生活壓力事件帶來的象徵性失落而引發其失去生活上的動力，因而為憂鬱所擾（White, 1989）。

(二)不合理的自我認知

至於認知理論則將憂鬱症的原因解釋為扭曲的認知思考模式：由於個人對自己、對世界、對未來都持著負向的看

法，建構了負向的認知架構，因此總是以自責、悲觀的認知模式來生活。舉例來說，影片中有位同學在高中時期曾一直滿懷著與他人競爭的好勝心，因而導致自己總是脾氣暴躁甚至胸口鬱悶，表現出青少年憂鬱的特徵，這就是由於自己一直存有一些不合理的信念和想法，例如「我一定要考第一名」、「我要做一個受大家歡迎的人」，萬一沒有達到自己的期許時，便對自己產生全盤的否定和負面的評價，情緒便也跟著低落。從認知的角度來看，不合理的期待、過度推論、類化，或誇大事實的負向信念即可視為憂鬱的關鍵要素。

(三)學習的無助

　　若從學習理論的觀點來看，憂鬱症的主要成因來自於挫折經驗增強而得的「習得的無助感」（Davison & Neale, 1990），這種挫敗的學習經驗，使得個人在面對環境、面對生活上的壓力事件，總是感到絕望、無助。學習的無助感，可能是源於一些重大的創傷經驗，例如親人的死亡，在死亡事件的經驗中，個人可能會覺得做了任何的努力也無法使人復活，於是在日後面對問題情境時，便會覺得「再嘗試有什麼用？」或者認為「我已經不能再做任何事了！」使得個人拒絕再去做任何的嘗試與努力，這種失去力量與控制的感覺，使人處於沮喪、憂鬱，對生活與生命感到非常悲觀（White, 1989）。以影片中的例子來說，經常在心理學的考試中飽受挫折，很容易學會了「再怎麼努力也沒有用」的挫敗感，在一連串的努力後，仍然得不到正向、積極的結果，只好放任自己，因而缺乏自我控制感，也放棄了求生的意念，產生憂鬱的傾向。

四、憂鬱個案的處理

綜合上述，對於憂鬱情緒的輔導工作，除了重患者可能需要使用藥物治療加以控制，屬於精神醫學的領域之外，一般的輕度患者以及有憂鬱傾向的求助者，提供行動取向指導性諮商輔導，其成效一直是相當受到肯定的（Banken & Wilson, 1992； Rokke, Veltum, Carter, & Rehm, 1990； Schmitt, 1983）。之所以採取行動取向的指導性策略主要是由於受憂鬱情緒困擾者，平常即一直受困於自己的憂鬱情緒中，在輔導的過程中若再強調情緒上的經驗覺察，則很容易加強案主原已低落的負向情緒，因而更加的深陷其中，反而不易發揮諮商輔導上原欲達成的功能，所以如完形治療、當事人中心等以情緒經驗為主的諮商方式便顯得較不適於應用在處理憂鬱情緒的當事人（Schmitt, 1983）。相對的，將當事人的注意焦點置於認知與行為層面，轉移當事人對憂鬱情緒的專注，反而更容易收到效用。同時，由於憂鬱的個案容易表現出較多的依賴，若採取當事人中心的諮商策略，雖然有鼓勵案主學習獨立的作用，但也會使得案主更覺得受挫，所以在處理上，仍以指導性和結構性的諮商策略為宜（Seligman, 1990）。

在處理為憂鬱情緒所困擾的個案時，初期的關係建立仍是很重要的。對於這些飽受挫折、情緒沮喪的個案來說，改變的動機會顯得比較弱，更需要諮商員給予支持和鼓勵（Seligman, 1990），所以雖然不鼓勵採取當事人中心的治療策略，但在治療關係中，傾聽與同理仍是非常必要的基本態度，並且需要經由不斷的鼓勵來提高當事人尋求改變的意願。

在實際採取諮商策略時，仍要考慮到求助者本身的症狀

成因，以下即就憂鬱個案的處理策略加以說明：

㈠一般原則

在憂鬱個案的處理上，家庭扮演了相當重要的角色，家人的支持與瞭解對於憂鬱個案的治療很有幫助，必要時亦可邀請家人共同參與，以家庭治療的方式來協助個案。一般而言，家人的包容、接納，有助於個案走出憂鬱。

㈡處理策略

對於憂鬱個案不論是個別諮商或是團體諮商都有其效用，以個別諮商來說，即強調認知與行為方面的處理。憂鬱的情緒常與錯誤的認知思考架構相伴，因此宜採取認知治療，改變當事人對自己和對事情的看法，以協助當事人重建合理的認知思考。例如當求助者出現「我沒有一件事情是做對的。」等覺得自己沒有價值的說法時，輔導人員可以舉一些與當事人所說相反的例子讓他看看，他自己是多麼的忽略或低估了他自己的能力。同時也可以與其共同來檢視他自己的內在語言或認知信念中，是那些思考模式導致他的憂鬱，讓他知道這些負向的信念如何的影響了他的思考與生活。之後更進一步的教導當事人建立不同的的思考方式，以削減憂鬱的困擾（Davison & Neale, 1990）。同時亦可配合行為契約的演練，鼓勵當事人採取具體的行為改變，從逐步設定完成的目標中，逐漸改變負面的自我價值感，提升自我評價。

至於團體諮商則以支持性團體為主，藉由團體互動、成員彼此間的回饋，幫助憂鬱個案學習新的因應技巧，也可從團體的回饋中獲得支持與鼓勵，重建自己的信心。

若其憂鬱主要源自缺少社交技巧以及社會支持，則亦可以鼓勵個案參加社交技巧訓練或自我肯定訓練，幫助其增進個人的人際關係，能對自己持更肯定的看法，擺脫憂鬱的困擾。

總而言之，憂鬱個案的處理在治療的過程中是採取結構和指導式的，同時在處理的過程中，亦可以引發其去談論過去不愉快的事件和經驗，讓個案能重新思考過去的經驗，改變原有的悲觀、晦暗的看法，重新將事件和經驗建構更具建設性的意義。

五、結語

　　情緒常會影響個人的生活，雖然每個人都難免有些情緒低落的時候，但若是終日爲憂鬱情緒所擾，除了影響日常生活的適應外，更影響到個人的問題解決能力以及生存意志，我們仍必須加以注意。對於憂鬱個案的處理即要照顧到他的需要，謹愼處理其情緒，以結構性的諮商方式幫助他先從認知的改變做起，再輔以其他的行爲策略或是技巧訓練，同時兼顧各層面的處理，也有助於提高諮商的效果（Kirsh, 1990），可以幫助個案重建生活的信心與生存的動力，告別憂鬱的侵擾。

↓參考書目

孔繁鐘（民80）：*DSM－Ⅲ－R診斷準則手冊*。台北：合記。

黃堅厚（民80）：如何克服憂鬱情緒？楊國樞和黃光國主編（民80）：*心理與生活*，頁157－176。台北：桂冠圖書股份有限公司。

陳若璋（民77）：大學生憂鬱症病理發展模式的探討。*中華民國心理衛生學刊*，*4*（1），75－90。

陳若璋（民80）：大學生憂鬱症脆弱因素的探討。中華民國

心理衛生學刊，5（2），53－69。

Banken, D. M. & Wilson, G. L. （1992）. Treatment acceptability of altermative therapies for depression： A comparative amalysis. *Psychotherapy, 29*（4），610－619.

Coleman, M. C. （1986）. *Behavior disorders： Theory and practice*. Englewood Cliff, NJ： Prentice－Hall.

Davison, G. C. & Neale, J. M. （1990）. *Abnormal psychology*. New York： John Willey & Sons.

Gotlib, I. H. & Colby, C. A. （1987）. *Treatment of depression： An interpersonal systems approach*. Elmsford, NY： Pergamon Press.

Kirsch, I. （1990）. *Changing expectations： A key to effective psychotherapy*. Pacific Grove, CA：Brooks / Cole.

Marx, E. M., Williams, J. M. G. & Claridge, G. C. （1992）. Depression and social problem solving. *Journal of Abnormal Psychology, 101*（1），78－86.

Rokke, P. D., Veltum, L. G., Carter, A. S. & Rehm, L. P. （1990）. Comparative credibility of current treatments for depression. *Psychotherapy, 27*（2），235－242.

Sanders, M. R., Cash, R., Dadds, M. R. & Johnston, B. M.（1992）. Childhood depression and conduct disorder： Ⅰ. Behavioral, affective, and cognitive aspects of familt problem－solving interactions. *Journal of Abnormal Psychology, 101*（3），495－504.

Schmitt, J. P. （1983）. Focus of attention in the treatment of depression. *Psychotherapy： Theory, Research and*

Practice, 20（4）, 457—463.

Seligman, L. （1990）. *Selecting effective treatments*： *A compregensive systematic guide to treating adult mental disorders*. San Francisco, CA： Jossey – Bass Publishers.

White, J. L. （1989）. *The troubled adolescent*. Elmsford, NY： Pergamon Press.

記
事

11

自殺個案的認識與處理

沈湘縈

一、前言

自殺案主對諮商（輔導）員來說，可能是最具緊迫性和震撼性的危機個案。自殺案主會將諮商（輔導）員推進一種危機狀態，所以當諮商（輔導）員面對決意自毀的案主時，常會有威脅感、使命感和無助感。諮商（輔導）員在這個時候需要的是資訊、因應策略，以及能夠適切地接納和紓緩自己情緒的方式。

一般來說，諮商（輔導）員在處理自殺案主時有四個任務：(1)確認此案主是真的會自殺還是有自殺的可能；(2)評估衡量其自殺行為的立即危險性或致命性；(3)瞭解案主欲自殺的背後動力；(4)擬訂治療計畫（ Moursund, 1985 ）。

二、確認案主是否真正要自殺？
或有可能自殺？

(一)詢問案主是否有自殺念頭

先要體認的是，一般人都或多或少想過自殺的問題，案主也是一樣，如此才能就事論事地與案主談論自殺事件，例如：「大多數的人在某些時候會有了斷自己的念頭，你是否也曾想過？」「你最近一次想要自殺，是在什麼時候？」通常這樣的討論會讓案主感到紓解，因為你是可以與他開放地談論自殺而不是大驚小怪或對他發怒的人。

如果案主說他沒有自殺念頭，不妨暫且接受其說詞，繼續晤談。不過，這可能是真話，也可能是謊言，因為很多人認為有自殺念頭是罪惡或可恥的，他們怕一旦表露自殺念頭就死不成了。所以，如果案主表現出對人生感到絕望，或在

精神運動功能方面（psychomotor）呈現遲滯現象（通常是所有反應都遲鈍，且呈現嚴重的沮喪抑鬱），或者一向抑鬱的案主呈現不尋常的愉悅快樂（euphoric），這些都可能是自殺的潛伏徵兆。當這類案主否認其自殺念頭時，諮商員最好技巧地再轉回這個話題或者換個方式探詢之（Moursund, 1985）。

(二)澄清自殺的迷思

有很多人云亦云的自殺迷思是不正確且會誤導判斷的。這些迷思往往讓人不注意案主的自殺意圖，並讓我們在這些刻板印象的障蔽下忽視自殺的可能性。身為諮商（輔導）員實在不能持這些迷思得過且過。有關自殺的迷思可列舉以下幾點：

1.「說要自殺的人很少會真的自殺」

事實上，會自殺的人常發出警告訊號，有75％的自殺者曾在自殺前說過「想要死」或是有企圖自殺的舉動，因此對於其威脅要自殺的言行或自殺企圖均須慎重其事地看待（Moursund, 1985）。

2.「自殺失敗過一次，就不會再企圖自殺」

事實上，自殺未遂者再度企圖自殺的比例，比未曾有過自殺未遂紀錄而企圖自殺者多達數倍，尤其自殺未遂後，三個月內再度企圖自殺的情形相當多，而且，自殺行為的次數愈多，情況愈嚴重，自殺手段也從當初的「表態」到逐漸採取致死的手段（陳海倫，民78）。根據研究，採取非致命性手段的自殺未遂者中，還是有10－15％的人終究以自殺來結束生命（Maris, 1992），因此不可不給予關切。

3.「自殺的傾向是遺傳而來的，會世代承襲」

事實上，自殺並非家族遺傳，不具任何基因遺傳特質。

4.「自殺的人執意要死，無挽回的餘地」

事實上，自殺的人多半在死與生之間猶疑不決，常在嘗

試自殺後立即求救。

5.「每個自殺的人都是抑鬱沮喪的」

事實上，自殺的感受雖然常與抑鬱脫不了關係，但並非每個自殺的人都呈現明顯的抑鬱，有的人出現的是焦慮、激動、精神異常、功能失調或逃避人世的現象。

6.「酗酒與自殺幾乎沒有關聯」

事實上，酗酒與自殺往往是相輔相成的，也就是說，自殺的人也常是酗酒者。

7.「自殺的人是有精神疾病的人」

事實上，自殺的人雖然常是不可理喻、困擾或抑鬱的，但很多自殺的人並非精神疾患。

8.「自殺過的人總是再自殺」

事實上，自殺企圖常發生於特別有壓力的時期，如果該時期導致其自殺的因素能被適當處理，還是能好好活下去。

9.「如果直接問案主他是否想自殺，將促使他真的自殺」

事實上，直接詢問案主的自殺意念，常能減低其焦慮，而抑止其自殺行為。

10.「自殺常發生於低社經階層」

事實上，自殺遍及所有社經階層，沒有所謂的高敏感群體。

11.「自殺的人很少尋求醫療」

事實上，根據自殺的回溯研究，半數以上的自殺者在自殺前六個月都曾尋求過醫療協助（Moursund, 1985）。

(三)瞭解自殺危機的特性

Schneidman（1979）曾列舉一些自殺危機的特性：

1.自殺的危急時期非常短，通常只持續數小時到數天，不至於長達數週或數月，在這短暫的危急時期有必要施行監視，甚至監禁，當危機度過後，則可轉以較傳統或較不那麼緊迫盯人的治療方式。

131

2.自殺案主是矛盾衝突、擺盪猶豫的，諮商（輔導）員在確認和正視案主想自殺的意念時，也須同時注意其較健康的部份，亦即其求生的意念。

3.自殺往往是兩人事件，亦即通常會牽涉到與案主生活有重大關係的重要他人，因此，案主與其他重要他人的情感部份也是必須加以處理的，無論是實際請此重要他人參與諮商（輔導）過程，或是以想像的方式處理均可（Moursund, 1985）。

三、評估衡量案主自殺行為的立即危險性或致命性

諮商（輔導）員須以冷靜而就事論事的態度詢問案主四個基本問題，以便評量案主真的將其自殺意念付諸實行的可能性：

1.案主是否已選好自殺方式？如果他計畫採用手槍、藥物自殺或從高處往下跳，將比選用較含糊平常的方式來得危險。

2.其選用的方式是否垂手可得？例如是否真的有槍或是否已囤積藥丸？

3.是否已明確清楚地考慮過要如何行動？如果案主的方法是具體且計畫詳盡的，同時工具又垂手可得，其自殺的可能性顯然就大為提高。

4.其選用的方式是否有效？服用半瓶阿斯匹靈或割腕就不如舉槍自盡或開車衝下斷崖來得容易死。不過，意外自殺成功的可能性也不容忽視，有不少人只是希望讓別人注意其求助的需要，結果卻真的自殺成功。

除了案主的自殺舉動是明顯的危險訊號外，案主以往企圖自殺的記錄也是預測其目前自殺行為的最好指標。很多前

幾次自殺未遂的案主，後來還是自殺成功，因此無論案主以往的自殺行動多無效，仍不可掉以輕心。

根據統計，案主通常在自殺未遂後的三天內會再次企圖自殺，而在諮商（輔導）期間，案主一旦又感到抑鬱或出現短時間的好轉後，常會再次企圖自殺。這可能與案主可用的能量有關，當案主處於深度抑鬱時，或許因為缺少採取任何行動的能量，以致暫時放棄自殺企圖，而在經歷過好轉之後，或許因為難以忍受再回到絕望的處境，因此好轉後反而容易再度嘗試自殺。無論原因為何，在案主抑鬱沮喪稍有改善的初期，其自殺的危險性總是會增加，這是值得注意的一點。

另外，外在因素也會影響自殺行為，在經濟大恐慌時期所爆發的自殺行為會在任何經濟不穩定的時期重演，學生的自殺率往往在期末考期間急劇上升。而截至目前為止，導致自殺最重大的外在事件就是重要關係的失落或可能失落，亦即失去所愛的人或失去父母，這是最常引發自殺行為的肇因（ Moursund, 1985 ）。在這方面，國內自殺原因的統計亦發現，自殺大多與失落的經驗有關。而失落的經驗包括失去親密關係（感情和家庭糾紛）、親人死亡、失去健康（得慢性或不治之症）、以及失去財富或社會地位等（曾美智，民79）。

關於判斷自殺案主的危險程度，有許多可以參考的標準。Hatton等人（1977）曾依自殺的危險性，將有關的行為整理成下表（ Moursund, 1985 ）：

行為或症狀	自　殺　的　危　機　程　度		
	低	中	高
焦慮	輕度的	中度的	高度的或驚慌的
抑鬱沮喪	輕度的	中度的	嚴重的
孤立／退縮	未有明顯的抑鬱、不會退縮	有點無助感、無望感和退縮	絕望、無助、退縮和自我攻擊
日常功能	大多運作良好	某些方面運作不錯	全部失調
資源	許多	一些	幾乎沒有
因應策略	具建設性	有些是建設性的	極具毀滅性
重要他人	身邊有很多	身邊有一些或只有一個	只有一個或完全沒有
過去精神醫療記錄	沒有或正向態度看待	有，且還算滿意	持負向態度看待
生活型態	穩定	還算穩定或不穩定	不穩定
酗酒／藥物濫用	偶一為之	經常	持續不斷
以往的自殺企圖	無或有不至致命的	從無到有一次中度致命的	從無到有多次高度致命的
解組失調	無	有些	明顯地
敵意	無	有些	明顯地
自殺計畫	含糊，僅止於想人像而無計畫	經常考慮，偶有計畫	不斷考慮，做具體計畫

另外，洛杉磯自殺防治中心也運用一份「致命性量表」（Lethality Scale）來評估自殺案主的危機性，該量表包括十個類目：

1.年齡和性別

如果案主是男性，自殺危機高於女性，而年齡超過五十歲者，危機也較高（目前十五歲到二十四歲的年輕人的自殺危機也在逐漸增高中）。

2.症狀

如果案主呈現睡眠困擾、沮喪抑鬱、無望感或有酗酒現象，則自殺危機較高。

3.壓力

如果案主正遭遇失去所愛（死亡或離婚）、失去工作、責任增加、或重病等壓力，其自殺危機較高。

4.緊急性的或長期慢性的危機

如果案主突然出現一些特定症狀，其立即的危機較高。如果是類似的症狀一再重複出現，或是一些長期的不當特質有增加的傾向，則其長期的危機較高。

5.自殺計畫

想要採用的自殺手段愈致命，自殺計畫愈有組織、愈詳盡仔細，其自殺危機愈高。

6.資源

如果案主沒有家人或朋友，或是親友不願給予援助，則其自殺危機愈高。

7.以前的自殺行為

如果案主曾經有過一次或多次自殺嘗試，或是有重複威脅要自殺和沮喪抑鬱的病史，則自殺危機較高。

8.醫療狀況

如果案主有慢性病或宿疾纏身，或是有許多不愉快的就醫經驗，其自殺危機較高。

9.人際溝通狀況

如果案主與其親人的溝通關係破裂，且其中一方拒絕重修舊好，其自殺危機較高。

10.重要他人的反應

如果案主的重要他人（例如丈夫或妻子）呈現防衛、拒斥、嚴厲責難的態度，而且否定案主的求助需求，則其自殺危機較高（Carson et al., 1988）。

國內榮總精神科主任沈楚文醫師也依據其臨床診療經驗，提出幾個自殺的危險因子（沈楚文，民79）：

1.個性孤獨和衝動的人。

2.憂鬱悲觀、易走極端的人。

3.遭遇重大打擊、感到無助無望的人。

4.有痼疾和絕症的人。

5.有強烈罪惡感的人。

6.有過自殺經驗的人。

7.精神及患有幻聽和妄想的人。

至於青少年的自殺行為跡象與信號則包括：

1.曾經企圖自殺過

曾經企圖自殺過的人會再度嘗試自殺的可能性很高。

2.有明確的自殺計畫

青少年如果告訴別人，他想在何時、何處、如何自殺，則他自殺的危險程度極高，必須給予緊急的協助，例如要他對自己承諾不自殺，使他無法接近自殺用的武器或道具，指定家人或朋友隨時看顧，以便保護他的安全。

3.家庭當中曾有人自殺過

自殺是一種模仿的行為，如果家庭無意識地默許自殺行為，我們對於青少年就要提高警覺。

4. 對生活失去興趣

不再參與社團活動，對人間沒有留戀，情緒極度憂鬱的青少年，更應了解他有無自殺的意念和計畫。

5. 對現狀感到無能為力

對於改善痛苦的生活或處境感到無能為力的青少年，他們會覺得十分無助、絕望，這種感覺愈強烈，愈值得注意。

6. 突然增加飲酒或吸毒次數和劑量

喝酒和吸毒可以說是青少年對挫折、憂鬱與痛苦的一種似是而非的自我醫療，其實是一種慢性自殺。人在酒精和藥物的影響之下，往往會作出錯誤的判斷，而提高自殺的危險性。

7. 家庭與學校生活常規有突然的改變

例如失眠、體重減輕、胃口降低、個性改變、功課突然退步很多、退出最喜愛的社團活動等。這些現象往往顯示，青少年遭遇重大的情緒困擾，值得進一步了解，並評估有無自殺的可能性。

8. 最近一段時間有重大的生活失落

例如親人變故、與男女朋友決裂、被人毆打或強暴等。遭逢重大創傷往往會使青少年覺得自己是不值得存活下來的人，覺得沒有臉活在世上。

9. 突然把個人有價值、有紀念性的物品贈送他人

有時青少年會表示：「我已經不需要這個東西了」、「我要去一個遙遠的地方，不再回來。」，或者請託別人照顧他的家人或寵物等，這些都是值得警惕的自殺行為信號。

10. 非常的生氣、憤怒、或情緒不穩定

這顯示青少年有強烈的攻擊或破壞的衝動，可能會傷害自己或他人。這個時候如果情緒未能適時平穩下來可能會激烈化，而增加自殺的危險性。

當青少年有上述多種行為症狀時，顯示該青少年企圖自

殺的危險程度相當高，需要及時協助與輔導（林家興，民81）。

上述這些評估自殺危險性或致命性的標準，有的是依據統計而來的，有的則是依據臨床診斷而來的，唯尚未有一套放諸四海皆準的公式。初為諮商（輔導）員者最好向督導諮詢、與督導討論，因為臨床診療經驗還是很重要的（Moursund, 1985）。

四、了解案主欲自殺的背後動力為何

自殺常被視為憤怒或攻擊的行為表現，不過自殺的人不見得能意識到他的憤怒，他只是覺得絕望、覺得人生無望、無可挽救了。當絕望充斥此人的所有生活層面、所有關係時，就是最易引發自殺危機的時候。任何別人可能覺得微不足道的事，或任何一個悲劇、打擊，都會令案主感到一連串的痛苦、羞辱或無望（Moursund, 1985）。

也有人將自殺的心態分為四類：(1)殉道型；(2)解脫或逃避型；(3)報復型：此類型以青少年居多；(4)精神錯亂型：如憂鬱症患者、有幻聽或妄想（罪惡妄想）的精神病患（沈楚文，民79）。

而根據針對採取非致命性自殺手段的自殺未遂者所作的研究則發現：

1. 對他們而言，要能永久解決生命中許多的問題，只有死亡，因此唯有自殺，才能徹底解決自己面臨的一切問題。
2. 累積的問題如長期憂鬱、酗酒、人際關係失敗等多到已無能為力去處理、去面對。
3. 酗酒者的年齡若已超過二十至二十五歲以後，自殺身亡的可能性就增高。

4.缺少社會支持，通常是這群自殺身亡者的主要原因。一般而言，他們多半是與社會隔絕或被拒絕的一群，因此治療者和心理醫師常能發揮很大的作用，許多自殺已遂的人都是和社會支援隔絕，例如酗酒、獨居、離婚、失業等人大多缺乏社會支援。

5.這群多次自殺最後身亡者，多半都擁有長期自殺的歷史，累積了發展過程中的諸多不順利，而這些都間接與自我毀滅有交互作用的潛在關係。例如長期酗酒者、吸食大麻毒品、吸菸、人際關係失敗、性混亂、性虐待、童年被強暴侮辱等，而這些問題之間的交互作用，也會間接增加自殺身亡的可能性（孫敏華，民84）。

　　此外，專門研究美國及英國大學生自殺行為的Mathew Ross則指出，大學生自殺乃是將父母的高標準內化，把過多壓力加在自己身上所致，因此一旦成績退步，他們就認為這樣會失去父母的愛。Hendin（1989）根據親自接觸過這類學生的經驗也發現，這些自殺者已有很長一段時間持續感到不能獲得父母親的愛。但事實上，他們的父母親一般來說並不是那麼重視高成就，反而是他們自己將和父母的關係與生命意義混為一談，因為他們之中的大多數人早已經學到將學業當成保護防衛的工具，對他們的父母而言，這樣也比較容易面對這些平日沈默寡言又少有要求的孩子，因此也鼓勵他們採取這種防衛方式（孫敏華，民84）。

　　總之，面對企圖自殺的案主，不僅要了解案主發生了什麼事，還要了解這件事對他的意義為何，因為不是事件本身導致案主自殺，而是他對事件的情緒造成的（Moursund, 1985）。

五、擬定諮商（輔導）計畫

對於自殺個案的處理，需依據對其自殺危險程度的評估而擬定諮商（輔導）計畫，若有嚴重自殺危機者（包括已採取自殺行動而未遂者），必須施予危機處置（crisis intervention），若經研判並無緊急危機，僅是拋出求救訊息，則可進行諮商。

(一)自殺危機案主的危機處置

危機處置的主要目標是幫助案主能夠因應其目前的生活危機。如果案主有嚴重的自殺企圖或自殺嘗試，首要的步驟就是採取緊急的醫療處遇（emergency medical treatment）（Carson et al., 1988）。而對於有明顯傷害自己或他人現象的案主，必須強制住院治療。因此諮商（輔導）員須熟悉本地的住院過程，並至少與一位能運用任何治療措施的醫師建立工作關係，同時對於有關強制住院的法律亦必須清楚，並且知道如何運用之（Moursund, 1985）。

對於自殺行為已產生而未成功的自殺未遂者，必須幫助其面對四周責難不諒解的眼光，並加強其支持系統之功能，尤其是未成年之青少年，因為他們的父母師長會更急迫地想一探究竟，因此更須妥善加以處理。通常家人朋友等對自殺者的自殺行為會有不同的評價，故生還者之羞恥難過心情是可想而知，故此時之重點乃在協助其面對四周可能之責難，以及伴隨自殺而來的悲傷、罪惡等感受（王文秀，民78）。

當案主願意與諮商（輔導）員談論其問題時，才是他有可能放棄自殺嘗試之時。這個階段的主要目標是幫助案主恢復其因應目前問題的能力，而且要儘快地助其恢復因應能力。一般說來，此時的危機處置重點有：

1. 要在短時間內與案主保持密切的溝通聯繫——通常要有一到六次的接觸。
2. 要幫助案主體認到是其緊急的低潮狀態致使其無法正確衡量其處境，也無法選擇其他可能的因應之道。
3. 要幫助案主看到還有其他優於自殺的問題解決方式。
4. 要扮演高度指導且具支持性的角色——例如促成一種依賴的關係，給予案主什麼可做和什麼不可做的具體建議。
5. 要幫助案主了解眼前的困境和情緒波動是不會永無止境的，終究是會過去的。

此外，如果可能，案主家人或朋友的了解和情緒支持也需一起介入。當然，運用適當的社會機構的資源也是可行之道。

不過，這樣的危機處置對那些本已具有穩定的調適能力，僅因一時承受不了突然的壓力而自殺的案主來說，是足以幫助他們因應眼前的壓力而回復平衡的生活，但是對於那些因長期未能解決、甚至愈演愈烈的問題而自殺，且本身僅能短期維持調適功能的案主來說，危機處置雖可幫助其處理眼前的困境，然而基於他們這種不斷由一個危機跳入另一個危機的生活型態，最好還是進一步接受完整的心理治療（Carson et al., 1988）。

(二)自殺案主的諮商工作

對自殺者的諮商工作相當複雜，由於每個個案的問題背景均相當特殊，因此諮商計畫及處理模式亦有差異，但是大體而言，基本的諮商技巧仍須具備，例如積極傾聽、同理、接納、語意簡述、情感反映、闡釋與做結論等（王文秀，民78）。其次論及較特殊的技巧包括：

1.談論自殺

治療自殺案主的重點是「談論自殺」，因爲如果引發其自殺的情緒不傾吐出來的話，就會愈演愈烈；相反地，如果案主能與某人分享其「駭人的」、「自私的」或「不道德的」自殺意念的話，就能得到很大的紓解，也能與諮商員開始有穩固的連結。而談論自殺時，諮商員不必點到爲止或有所顧忌，必須了解案主一旦將其自殺意念付諸實行後，會有什麼後果，同時也要讓案主能了解後果會如何，這樣一來，可幫助案主了解實際的後果與其想像之間有多大差距，而能再重新考慮。

2.注意案主的非語言行為

諮商員須敏察案主的非語言行爲，並清楚仔細地討論之，如果不清楚案主非語言行爲的意義，不妨直接詢問案主（Moursund, 1985）。

3.訂定生存契約或不自殺契約

自殺者之生命危在旦夕，時機的把握相當重要，因此需建立可控制之工作關係，諮商員一方面要不斷透過口語及非口語的方式讓案主感到被了解、被接納，一方面亦須確定案主真的聽進去並聽懂諮商員所言，例如和案主約定明晚此時一定要再（打）來，告訴案主很關心他，這些行動的目的在減少其自毀傾向，最後是消除其自毀行爲，並協助其建立新的及建設性的適應方式。

許多自殺者在做此抉擇時，心中仍充滿矛盾，因此諮商員與其建立「要活下去」的契約，有助其及時跳出困境；再要求其簽名以示負責，則更可落實。契約之內容宜具體化，例如「我不會自我放棄」應改爲「我不會做任何傷害自己或殺害自己的行爲」；而「我沒有打電話給你（諮商員）之前絕不會自殺」，應改爲「我沒有跟你談話之前絕不會自殺（因爲有些人打電話去找諮商員時，諮商員正好不在）」。另可註明若已走投無路，最快於何時會走上絕路，

這時諮商員要與案主協商，將日期延得越久越好，同時亦需致力於解決其困擾問題。

4.表達了解與關心

案主通常覺得自己不被了解、孤單、悲觀，諮商員須主動傾聽並注意自己的口語及非口語訊息。

5.建立起希望

讓案主了解任何問題均可能解決，對案主一再保證天無絕人之路，雖然任何努力均須花時間，但會漸入佳境，即使問題現象無法改善，至少案主本身仍可調整心態。

6.寬容、保護與力量

寬容（permission）是指讓案主知道「改變」不是件不好或不可能的事，有時案主不相信自己有改變之可能性，認為一切均是天註定，此時須使其有信心；當他在做改變時，以保護（protection）之態度讓他知道他並不是孤單一人；至於力量（potency），則是案主對諮商員專業能力或有關一切（如頭銜）之信服。

7.行動計畫

前述是初期階段，至此應訂定並展開行動計畫，此時可由雙方互相討論如何界定問題，決定處理之優先順序，採取行動，利用資源並評估，甚至訂定行為改變的契約，以期落實行動計畫。

8.諮商形成

剛開始時宜採個別方式進行，俾使不受干擾，之後可視情況以團體輔導方式，讓案主知道他不是孤單一人，必要時亦可請家人或重要他人一起參與（王文秀，民78）。

9.結合案主的社會支持網絡

諮商員可列出案主實際或可能的支持網絡中的支持者，將這些家庭方面、朋友方面、工作圈中、教會中等的支持者聚集一堂來商討案主自殺之事（也可與案主一起商討），這樣的團體能研擬出立即的督導或支持計畫，並幫助案主發現

較廣遠的問題解決策略。

　　整體來說，對於自殺者的救助與輔導，包括兩部份：第一是對自殺危險的評估，第二是危機處置。對自殺危險的評估有賴諮商工作者對自殺行為及自殺者心理歷程的正確認知，以及對自殺信號之敏感度。而危機處置則需要運用同理心及輔導專業知能，站在個案的立場，儘速了解危機的內在動力因素及可運用之支持系統（曾美智，民79），並針對不同的自殺危機狀態，施予適當的處遇。

六、自殺的預防

　　自殺行為是可以預防和治療的。要做到預防自殺的發生，首先要學會識別各種可能自殺的行為跡象和信號。大部分想自殺的人，通常不是一種臨時起意的行為，從出現自殺念頭到企圖自殺，往往經過一段時間，如果我們能及早識別自殺行為的徵狀，便可以做到早期發現、早期輔導（林家興，民81）。
　　因此，關於自殺的預防需做到以下幾點（沈楚文，民79）：
1.早期發現自殺的危險因子。
2.積極治療精神病症。
3.保持與案主溝通聯絡。
4.不要忌諱與案主討論自殺問題。
5.不要怕詢問案主有關自殺意念、自殺衝動以及具體的自殺計畫等問題。
6.一旦發現嚴重心理疾患，設法轉介專業機構或專業人員。
7.如有自殺危險，馬上設法安排門診或住院治療。

總之，身為諮商（輔導）工作者必須熟悉有關自殺行為的症狀，以及處理自殺行為的適當方式，這樣可以增加我們的輔導知能和信心，也才能對企圖自殺者有輔導性的幫助（林家興，民81）。

↓參考書目

J. Moursund（1985）. *The Process*.

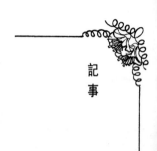

記事

哀傷諧商

黃慧涵

一、前言

「哀傷」（grief）是指因失去所愛而引起的反應。我們一生中無法避免經驗失落，只要是我們原先所擁有的、所依附的對象，無論抽象的（如與重要他人的關係）、具體的（如心愛的物品），或有形的（如配偶）、無形的（如青春），一旦為非自願或不可抗拒的力量所剝奪，導致依附關係遭到破壞，對我們而言，都是一種失落（陳文棋，民79；Dershimer, 1990）。雖然，當我們面臨失落時，不免會在情感、認知、行為或生理上出現許多不同的反應，這通常為正常的反應，因為隨著時間的流逝，失落者的哀傷反應頻率會愈來愈少，痛苦的感覺會減輕，慢慢接受失落的事實，也開始重新適應失落後的環境，並嘗試將情感投注於新的關係中。然而，有些人面臨失落時，在處理和失落有關的情感上有困難，因而無法恢復正常的生活。而哀傷諮商即是協助哀傷者面對與處理因哀傷事件所引發的情緒困擾及生活危機，幫助哀傷者將哀傷事件做一有效的終結（李開敏、林方皓、張玉仕、葛書倫，民84）。

事實上，失落事件的內涵包含很廣，像親友死亡、離婚、截肢、墮胎、失業、聯考落榜……等等失落事件，均可能引發我們的哀傷反應。然而，由於過去關於失落及哀傷的研究多集中在因死亡所導致的失落事件上，而且，死亡也的確是我們可能遭遇的失落事件中影響最深且最重大的。因此，本單元乃以因死亡而來的失落事件作為呈現的主題，不過，本單元所敘述的原則亦可適用於不同的哀傷情境中。

二、哀傷反應的內容

一般而言，哀傷的反應可能表現在情感、認知、行為與生理等四方面（黃慧涵，民81；李開敏、林方皓、張玉仕、葛書倫，民84）：

1.情感方面

可能出現傷心、憤怒、自責、愧疚、震驚、無助、無力感、孤單、焦慮、遺憾、為死者慶幸、解脫、疲倦、麻木、渴望能見到或夢到死者等反應。

2.認知方面

可能有否認、難以置信、混亂、腦中一片空白、沉迷於思念死者、感覺死者仍存在等反應。

3.行為方面

出現哭泣、睡眠問題、食慾障礙、社交退縮、夢見死者、避免見到與死者有關的事物或提及死者、對外界缺乏興趣、強烈地思念死者、尋找與呼喚死者、珍藏死者的遺物、躁動不安等反應。

4.生理方面

哀傷者可能會抱怨有胸口悶、喉嚨緊、呼吸急促、對聲音過於敏感、全身無力……等症狀。

三、如何評估哀傷諮商的必要性

影響哀傷反應及其調適的因素很多，並非每個面臨失落事件的人都需要接受哀傷諮商；事實上，大多數的人在遭遇創傷事件後都具有自癒的能力，輔導人員不一定需要介入。一般而言，倘使當事人因失落事件而主動求助，自然需要哀

傷諮商的協助，但若輔導人員能採取較積極的預防模式，在失落發生後即能預期當事人在一至兩年內可能遭遇的困難，進而提供早期處置以預防無法解決的哀傷反應，應能給予當事人更有效的協助。因此，如何辨識哀傷調適困難的高危險群即顯得格外重要。綜合許多學者的看法發現，下列指標可用以預測哀傷調適的高危險群（Dershimer, 1991； Lindemann, 1944； Raphael, 1977；李開敏、林方皓、張玉仕、葛書倫，民84）：

1. 當事人先前因應壓力及焦慮的能力不佳，特別是習慣以否認、逃避的方式來因應者。
2. 當事人有憂鬱症病史或過去曾對分離有不良反應者。
3. 缺乏良好的社會性支持網絡。
4. 與死者有極端衝突的關係。
5. 死亡情境極為創痛且突然。
6. 同時出現其他生活的危機。

通常，若諮商員評估當事人的情況，發現當事人符合上述指標之一，即需特別注意；倘若符合的指標數愈多者，其接受哀傷諮商的必要性則愈加迫切，諮商員更宜及早介入，協助當事人以有效的方式來處理哀傷經驗，以達成良好的適應。

四、哀傷諮商的目標

　　哀傷諮商的終極目標是在協助當事人完成與死者的未竟事務、向死者告別，避免當事人將過多的能量投入於哀傷之中，而無法適應失落後的生活、開展新的人際關係。因此，Worden（1991）認為哀傷諮商有下列四項特定目標（李開敏、林方皓、張玉仕、葛書倫，民84）：

1.增進當事人對失落的現實感。

2.協助當事人處理已表達與未表達的情感和情緒。

3.協助當事人在失落後，克服各種困難，重新調適失落後的生活。

4.鼓勵當事人向死者告別，作健康性的情緒抽離，並能坦然將情感重新投注於新的關係中。

五、哀傷諮商的原則及方法

在進行哀傷諮商之初，除了依一般諮商以傾聽、同理的方式，及真誠、一致、接納的態度與當事人建立良好的諮商關係外，Worden（1991）認為無論個人所信仰的哀傷諮商哲學為何，下列的工作指引可使哀傷諮商更具效能（李開敏、林方皓、張玉仕、葛書倫，民84；陳斐娟，民81）：

㈠協助當事人面對失落的事實

一般人在面對重要他人的死亡時，即使事先預知死訊，通常第一個反應會有種不真實的感覺——好像它不會真正發生。因此，哀傷諮商的第一步即應協助當事人體認到失落事實確實已經發生——這個人已經過世了，而且再也不會回來了。當事人必須先接受這個事實，接下來才能處理因失落所引發的情緒衝擊。

幫助當事人面對現實最好的方法即是鼓勵他談失落並耐心的傾聽，如「這件事是怎麼發生的？」、「你怎麼知道消息的？」……等等具體事實，許多人都需要在心裡一再重覆地檢閱有關失落的事件，才能真正接受死亡的事實，這通常需要一段時間。而諮商員可藉著鼓勵當事人說出有關過去及現在對死者的記憶，以漸漸了解失落和隨之而來的衝突。

(二)幫助當事人辨識並表達情感

在哀傷的過程中，當事人會經驗許多的情緒，其中，大部分的感受都是令人不安的，所以，當事人往往會壓抑這些感受而無法覺察，或不認為已強烈到需要處理的程度；而哀傷諮商的重點之一即是去認知其情緒、感受其強度，並用言語將其表達出來。通常，當失去所愛的人時，憤怒、愧疚、焦慮、無助及悲傷等感受，是哀傷的當事人較難面對及處理的；而諮商員不僅應以接納、關懷的態度鼓勵當事人表達其情緒，還必須界定哀傷諮商處理的焦點；因此，諮商員需要覺察當事人失落的內涵，協助當事人適當且有效地設定憤怒的對象，評估愧疚感合理的程度，以「現實考驗」的方式來解決當事人非理性的愧疚，並檢定及處理當事人的無助感與死亡焦慮，以達成有效的諮商。

(三)協助當事人適應失去死者的生活

當事人對失落的適應能力主要視死者生前在當事人生活中扮演角色之重要程度而定。輔導員可運用問題解決的策略來了解當事人目前所面臨的問題及可行的解決方式，幫助當事人學習有效的因應方式與技巧，以適應失落，並加強沒有死者一起生活的能力。在協助當事人適應失去死者的生活時，非常重要的原則是：不要鼓勵剛喪親的當事人做任何改變生活的重大決定，如搬家、換工作、轉學等等，由於此時受悲傷情緒的影響，很難有良好的判斷能力；重要的是讓當事人知道，不要只是為了減輕痛苦做決定，當他們準備好時，自然就有能力決定並採取行動。

(四)將感情從死者身上收回

藉著促進情感的轉移與收回，諮商員可協助當事人發展新關係，並尋求持續活下去的動力；諮商員可以讓當事人了

解，固然無人能取代死者，但建立新的關係亦非罪惡，特別是對那些失去配偶的人而言。另一方面，若有人在配偶過世後很快地就發展另一新的關係，以填補情感上的空虛時，諮商員也應幫助當事人了解其適當性；新關係的形成應基於個人哀傷完全處理後的明智抉擇。

(五)容許當事人有時間去經歷哀傷

哀傷是一個漸進的過程，需要時間。許多時候，哀傷者或其週遭的家人、甚至諮商員，均會急切地想克服失落以回歸正常的作息；事實上，哀傷是沒有時間表的，因人而異。諮商員可視當事人的狀況，在必要時再進一步對當事人做處理，也讓週圍的人了解，他是需要時間去經歷悲傷的。

(六)向當事人闡明「正常的」哀傷行為

在面對失落時，當事人常會有快發瘋的感覺，這是由於失落所引發的混亂不同於日常生活經驗所致。一般而言，很少人會在失落後呈現精神異常的症狀，因此，若諮商員對所謂「正常哀傷」的行為已有正確認識，便可向當事人說明這些無法承受的感受其實是正常的，以減輕當事人的心理壓力，使其安然度過這段歷程。

(七)允許個別差異

每個人對死亡的態度不同，表達哀傷的方式亦不同，因此每個人各有其獨特的哀傷反應，異質性很大。所以，諮商員不宜期望遭遇類似事件的當事人都有相似的反應，而應容許個別差異的存在。

(八)提供持續的支持

有效的哀傷諮商應提供持續的支持。諮商員可在失落發生後一年內的每個關鍵時期都提供當事人支持與協助，或安

排當事人參加特定的支持團體，使有類似經驗的人可藉著彼此分享共同的經驗，使當事人得到更好的支持。

⑼檢視當事人的防衛及因應型態

檢視當事人因失落而強化的特定防衛方式及因應型態之有效性，可幫助諮商員預測其適應是否良好。例如：若當事人以酗酒或吸毒來面對失落，則會產生不良的適應。諮商員可在與當事人建立信任關係後，與其共同討論因應行為及方式的有效性，並探討其對生活產生的影響，並探討是否有其他更有效的調適途徑，進而減輕壓力並解決問題。

㈩辨識有無病狀並轉介

對某些經驗失落的人而言，哀傷諮商是不足夠的，而需要接受哀傷治療；諮商員應能辨識因失落或哀傷引起的病態行為，了解諮商員自身的限制，並採取專業的轉介。

六、案例說明

在本單元的案例中，當事人（美貞）在母親過世一年後仍有憂鬱、焦慮等情緒，及社交退縮、強烈地思念母親……等等行為；雖然，哀傷所需的時間因人而異，且各人處理或調適哀傷的方式也不盡相同；不過，以當事人的狀況而言，其與哀傷有關的情緒與行為，已明顯妨害當前的生活功能及人際關係，因此，有接受哀傷諮商的必要。

在本案例中，由於當事人對於母親過世之事，處理的方式較為壓抑，因此，在諮商之初，諮商員並不急著與她談有關哀傷的事件，而是以傾聽及同理的態度來接納當事人的情緒，並且邀請當事人在下次會談時帶一些與媽媽有關的紀念品，以此技巧來促進傾訴的行為。而在第二次會談中，當當

事人能夠開始談論有關母親過世的事件時，諮商員即針對失落事件的細節作澄清，一方面協助當事人面對失落的事實；另一方面，從當事人談的過程中，諮商員發現當事人對母親的意外死亡尚存有未解決的罪疚感及憤怒，因此，諮商員可針對當事人未解決的情感作處理：以「現實考驗」的技術，與當事人共同檢驗事實來處理罪疚感；並以「雙椅法」來處理當事人對母親潛藏又難以表達的憤怒情緒。

在處理過當事人對母親未解決的情感後，最重要的是應協助當事人適應失落後的生活。在本案例中，諮商員是以「問題解決」的模式，與當事人共同討論母親過世後生活的改變、所面對的問題及可能的改變方式，協助她調整生活的角色，促進適應。而在當事人個人的哀傷問題處理告一段落後，轉介當事人參加哀傷諮商團體，提供她持續的支持。

◆參考書目

李開敏、林方皓、張玉仕、葛書倫（民84）：悲傷輔導與悲傷治療。台北：心理出版社。

陳文棋（民79）：失落感。台北：遠流圖書公司。

陳斐娟（民81）：尋找陰霾中的藍天——談哀傷諮商。學生輔導通訊，*18*，42－48。

黃慧涵（民81）：青年學生對父母過世的哀傷反應、調適行為與家庭關係之研究。國立彰化師範大學輔導研究所碩士論文（未出版）。

Dershimer, R. A.（1990）. *Counseling the bereaved.* NY：Pergamon Press.

Lindemann, E.（1944）. Symptomatology and management of acute grief. *American Journal of Psychiatry,*

101, 141−148.

Raphal, B. （1977）. Preventive intervention with the recently bereaved. *Archives of General Psychiatry, 34,* 1450−1454.

Worden, J. B. （1982）. *Grief counseling and grief therapy.* NY：Springer Publishing Co.

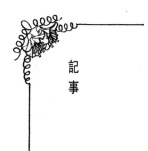

記
事

13

情感轉移個案的認識與處理

蕭文

一、前言

　　人際間的關係形成，除了當時訊息接收與處理過程的影響之外，也與彼此的刻板印象有關。我們都有一種習慣性的對某種類型的人產生喜愛的情緒，對另一類型的人則易有負向的感受，這種情緒反應，都可視爲「情感轉移」（transference）。

　　諮商亦是一種人際關係，情感轉移亦可能發生其中，進而影響諮商員和當事人的諮商關係與諮商效果；而且諮商員與當事人都可能各自表現出情感轉移的情形。本單元及下一單元將分別闡釋在諮商中經常出現的「當事人情感轉移」與「諮商員情感反轉移」現象，以便對諮商過程中的人際結構有所認識與掌握，並能進一步推動諮商動力的進展，促使有效諮商的達成。本文針對情感轉移，分別陳述其意義、重要性、動力類型及處理策略，在錄影帶中則以討論解析的方式，呈現不同情感轉移類型的辨識及諮商處理重點。

二、情感轉移的意義

　　諮商中的情感轉移，是指當事人在諮商過程中，將其過去或現在的情感、態度、慾望……等投射到諮商員身上。這個概念源自於心理分析學派，Freud認爲情感轉移的產生，與當事人的人格及潛意識中的個人過去經驗有關。事實上，誘發此一現象發生的因素很多，有關當事人的背景、問題類型、諮商員的特質、諮商情境中此時此刻的心理空間，以及諮商員與當事人的互動模式等，都可能促使情感轉移產生（蕭文，民82）；亦即情感轉移的發生不一定依賴當事人

的過去經驗，當事人有可能針對諮商員的年齡、穿著、說話的方式、諮商室的擺設等而形成他對諮商員的知覺與判斷，並進一步對諮商員形成某種期待（Weinberg, 1984, p. 140）。因此，無論任何諮商或治療學派的諮商員或治療者，都有可能在任何一次的諮商關係中，遭遇所謂的情感轉移情境（transference pull）。換句話說，情感轉移幾乎出現在任何一次的諮商關係中，從諮商員與當事人一開始接觸，甚至還沒開始接觸前，情感轉移或類似情感轉移的情緒（transference feelings）就已經存在，而且與治療時間的長短無關（Gelso & Carter, 1985）。這種情形就如同大多數的學生一聽到教官找，直覺就想到準沒好事；也有很多學生在被訓導處轉介到輔導室接受輔導時，就抱著「來就來嘛，反正你們都一樣。」的預期心理，對接受輔導，甚至在面對輔導老師，就容易因為這種刻板印象而影響他表達真實自己的意願了。

由上述可知，不論個人所屬學派或人格特質為何，從事諮商輔導工作者，都有可能在諮商情境中遭遇並操作情感轉移；而在處理情感轉移的過程中，諮商員不一定需要採用Freud的解釋，也不需要單純的把情感轉移現象視為當事人兒童時期經驗的再現（Gelso & Carter, 1985）。若能從不同理論的觀點及整個諮商的人際互動過程來探討情感轉移的意義，擴展個人對此現象的認知，對當事人情感轉移的處理當能有更廣泛的策略可加以應用。

三、處理當事人情感轉移的重要性

對情感轉移的處理是影響諮商效果非常重要的一環，諮商員若無法覺察到並有效處理當事人情感轉移的情緒，將使諮商過程出現困難，並導致諮商的失敗（Watkins, 1983）

。Corey、Corey 和 Callanan（1984）強調處理情感轉移的價值，他們相信一旦改變了當事人對諮商員扭曲的知覺，諮商關係可由此而獲得改善，當事人將對其過去獲得頓悟，而在現在和未來重獲自由。Gladding（1988）也強調諮商員要能覺察並具備處理情感轉移問題的技術，以避免落入所謂的「循環性諮商」，如同錄影帶中的撫慰型當事人多次敘述相同的問題，甚至以相同的字眼來表達，而諮商員則深陷不知如何突破藩籬或找到問題焦點的焦慮與壓力中！

　　情感轉移雖不一定在任何一次的諮商情境中發生，設若一旦發生，諮商員又無法知覺並有效處理，則當事人對其內在經驗世界將無從認知，諮商員甚而有可能誤會當事人對諮商員表現抗拒或故意不合作，以致對當事人表現出敵視的反轉移行為；而要有效處理當事人的情感轉移，亦有賴諮商員能否知覺自己在面對此情境時所產生的情感反轉移現象。此不僅顯示出諮商情境是個相互影響的動力歷程，諮商員在諮商情境中是否能正確知覺到當事人的情感轉移並予以有效處理，亦是影響諮商效果的重要因素。

四、情感轉移的動力類型

　　不論諮商員所屬學派或採用的諮商方式為何，都極可能遭遇當事人對諮商員投射出的情感轉移，因此諮商員除了必須知覺情感轉移的存在，更應瞭解當事人在情感轉移中所表達的意義，例如：愛、恨、依賴、憤怒、曖昧等情緒或態度（Corey & Corey, 1989, p. 90）。諮商員必須知覺情感轉移的存在與類型，才能適時地表現出正確的反應。對於情感轉移類型，不同學者有不同的區分：

(一)從表現方式來看

Cavanagh（1982）指出，情感轉移可以直接或間接的方式表現出來。直接方式，是當事人把諮商員直接比擬為某個重要他人（例如：父親），較易表現出情緒。間接的情感轉移通常以語言陳述的方式表現（例如：我一直想有接受諮商的經驗、諮商一點效果也沒有），由於與諮商員本人無絕對的關係，故較難被覺察出來。

(二)就情感層面而言

Gladding（1988）認為情感轉移所顯示的意義，應從正向的或負向的角度來瞭解。正向的情感轉移包括當事人對諮商員表現出喜歡、渴望、仰慕和愛戀等反應，常被視為良好諮商關係的一部份，也是許多諮商員刻意追求的，所以在諮商歷程中較不易被察覺。負向的情感轉移則是指當事人對諮商員表現出不信任、討厭、不喜歡、攻擊，甚或是仇恨的情感投射，對諮商的關係和品質通常會產生相當之衝擊，對許多諮商員來說，都不是一件愉快的經驗。然而，無論正向或負向的情感轉移，皆為當事人對接受諮商的一種抗拒，對諮商過程，乃至諮商結果的達成都是一種障礙。

(三)就當事人對諮商員的需求類型

Brammer和Shostorm（1977），以及Watkins（1983）皆進一步將當事人情感轉移的類型分為數種，並將其動力特徵做了較詳明的陳述。

Brammer和Shostorm（1977）將情感轉移的動力類型分為敵視的、依賴的（dependent）和關愛的（affective）三種。在敵視的情感轉移類型中，諮商員被視為權威的象徵；由於諮商員所扮演的角色，以及他所採用的方式，易使當事人產生焦慮，進而使當事人產生防衛。在依賴型的情感轉移

諮商關係中，當事人似乎只做一件事，那就是請求協助，一旦諮商員無法回應他的依賴，當事人往往會立即表現出防衛的行為來。Rogers（1951）曾指出，若當事人知覺到自己處於威脅的情境時，例如談到個人深層的感覺，其為了減低或躲避威脅，有可能將此威脅與焦慮轉而投射到諮商員身上，表現出依賴的情感轉移。至於第三種關愛型的情感轉移，通常與諮商員表現出大量的瞭解與接納有關。若當事人有強烈的被愛與注意的需求，他會對諮商員的態度表現極大的回應，回應的方式包括從仰慕者到異性之愛。在此過程中，當事人對諮商員表現出同意、接納、喜歡，甚至某些無法自己的行為。

Watkins（1983）、Corey和Corey（1989, pp. 90－92）則將當事人對諮商員的需求分為理想者、專家／先知（expert／seer）、撫慰者（nurturent）、挫折者和非實體存在（nonenity），本單元錄影帶即是根據此前四種動力類型做分析。下面的敘述不僅可說明諮商關係對結果的影響，亦提供諮商員用以檢核當事人經由投射所傳達出來的有關內在經驗世界的訊息。

1.理想者

此類當事人把諮商員視為一個完美的人物，模仿諮商員的行為，並在諮商過程中表達對諮商員的仰慕，渴望看到諮商員的出現。在諮商初期，諮商員會因此而對自己充滿自信、驕傲，自覺無所不能，可能也會因為當事人的要求而有過多不當的自我揭露，但是這種偉大的感覺很快就會消失，尤其當諮商員發現其實當事人只是在玩自欺欺人的遊戲，他不敢認同自己，面對問題，卻一再以話語去認同諮商員時，這種不負責任的態度會使諮商員感受到緊張、焦慮，甚至有挫折的感覺。

2.專家／先知

這一類型的個案在某些部份與上一類型有些類似。基本

上，當事人把諮商員視爲一個專家，他會要求諮商員告訴他答案，如何解決問題，當事人典型的對話是：「告訴我，我該怎麼辦？」、「你最瞭解我，我需要你的建議！」，這些要求會讓諮商員覺得自己像無所不能的先知，然而這種自我陶醉的感覺要不了多久，就會讓諮商員對自我能力產生質疑，他無法確定他的建議對當事人是否有效，因爲他可能終於發現，他只是在唱獨腳戲，當事人毫無回饋，這一類當事人基本上缺乏自信，缺乏做決定的能力，他們害怕因爲自己的某些行動而導致失敗，因此寧可不負責任，而將這種不安全的感覺，經由情感轉移投射到諮商員身上。

3.撫慰者

一個依賴型的個案，往往視諮商員爲情感的撫慰者。他相當依賴諮商員滿足他情感的需求，在諮商員面前他表現的相當怯懦，當事人亦可能在言談中表現出害怕、不安全，甚至哭泣行爲，如果諮商員是異性，當事人甚至可能在諮商關係中傳達異性人際的需求（包括身體接觸的慾望）。在多數的情形下，諮商員會表現出相當的關切與同情，如果諮商員無法分辨這種情感互動的方式，同時並與當事人保持適當距離，諮商員很快就會陷入反移情的情境，某些情況下他會扮演一個保護者（protector），然而由於當事人持續的依賴諮商員滿足其情感的需求，結果會導致諮商員對諮商關係有絕望和挫折、無力的感覺。

4.挫折者

對諮商員投射不信任、懷疑、仇視的態度，表現明顯的自我防衛是這一類情感轉移的最好描述。基本上，這類當事人正處在一方面需要諮商員的協助，另方面卻害怕失敗或遭致打擊，因此，如果把諮商員視爲挫折的來源，便可免除焦慮和自我的責任。對諮商員而言，這類個案通常讓他覺得緊張，有如履薄冰的感覺，並可能進一步對當事人產生厭惡甚至仇視的情感反轉移，結果使諮商關係大爲破壞。因此，重

新建立良好、互信的諮商關係是結束這種互動關係的方法。

5.非實體存在

由於這類當事人對自我缺乏清楚的認知，他無法掌握自己，因此在諮商情境中很容易把這種內心空洞的感覺投射到諮商員身上，他無視於諮商員的存在，在諮商對話中，缺乏明顯主題，話題一個接一個，整個諮商過程顯得鬆散無目的。這種情形下，諮商員會有一種被利用、不被認可的感覺。

五、對不同類型情感轉移當事人
的處理策略

Watkins（1983）根據個人的分類（見前節），針對各不同當事人情感轉移類型，提出如下表之重點處理原則：

	理想者	專家／先知	撫慰者	挫折者	非實體存在
諮商員處理策略	處理當事人不切實際的期望，包括自我放逐或放棄自我認同；希望諮商員給予過度之鼓勵與支持等行為。	處理當事人對諮商員給予建議和答案的需求；處理時應注意當事人自我作決定能力的缺乏，沒有自信、沒有主見等行為。	處理當事人的依賴需求。處理時應注意當事人對責任感的缺乏，以及行為和態度之間的差距。	處理重點在於信任關係的建立。將如何促進彼此的信任感，以及將此種不信任感覺的來源與當事人充份的討論。	幫助當事人接觸現實，瞭解當事人語言背後的茫然與無目的感，並將當事人的冷漠、疏離與自我放逐的行為，與之充分溝通。

165

上表內容可提供諮商員在知覺當事人有不同類型情感轉移現象與需求時的一個處理原則和方向。Brammer和Shost-rom（1977）則在論及諮商員處理情感轉移的態度和技巧時，提出下列六點原則，可與Watkins的概念作一增補。此六點原則為：

1.接納：以鼓勵的態度讓當事人把自己的感覺表達出來，這種方法有助於當事人走出情感轉移的陰影。

2.澄清與解釋：針對當事人的言行提出說明，幫助當事人解釋其行為。

3.將焦點集中在現在的感覺，而不是為什麼會有這種感覺。

4.對當事人表現出來的負向（negative）情感轉移（例如：不信任、討厭、恨等）表達關切，有助於產生正向結果。

5.角色投射：情感轉移被視為當事人對諮商員的投射，遺憾的是當事人可能並不知道或無法確定自己，因此，使用角色投射的技術，例如：要當事人用肯定的語氣敍述自己對諮商員的感覺，有助於澄清其對自我的認識。

6.角色轉換（role reversal）：當事人表現出依賴的行為時，諮商員可以使用角色轉換的方法協助當事人認清自我的需求。

本單元錄影帶亦以上述處理策略，論述諮商員對不同類型情感轉移當事人的處理原則。

六、結語

有關情感轉移對諮商歷程影響的實證研究仍相當缺乏，有待進一步驗證探討；但對任何一位諮商員來說，深刻地注

意當事人的行為反應和需求，不為當事人表面言語所困惑或誤導，則情感轉移現象當可避免。

↓參考書目

蕭　文（民82）：諮商員對當事人情感轉移的知覺與反應模式之分析研究。輔導學報，*16*，67－92。

Brammer, L. M. & Shostrom, E. L.（1977）. *Therapeutic psychology：Fundamentals of counseling and psycho-therapy.* Prentice－Hall, Inc.

Cavanagh, M. E.（1982）. *The counseling experience.* CA：Brooks / Cole.

Corey, M. S. & Corey, G.（1989）. *Becoming a helper.* CA：Wadsworth, Inc.

Corey, G., Corey, M. S. & Callanan, P.（1984）. *Issues & ethics in the helping professions*（2nd ed.）. Monterey, CA：Brooks / Cole.

Gelso, C. J. & Carter, J. A.（1985）. The relationship in counseling and psychotherapy：Components, con-sequences, and theoretical antecedents. *The Counseling Psychologist, 13*（2）, 155－243.

Gladding, S. T.（1988）. *Counseling：A comprehensive profession.* Merrill Publishing.

Peterson, J. V. & Nisenholz, B.（1991）. *Orientation to counseling*（2nd ed）. Massachusetts：Allyn & Bacon.

Rogers, C. R.（1951）. *Client－centered therapy.* Boston：Houghton Mifflin.

Watkins, Jr., C. E. (1983). Transference phenomena in the counseling situation. *The Personnel and Guidance Journal,* 206 – 210.

Weinberg, G. (1984). *The heart of psychotherapy.* NY : St. Martin's Press.

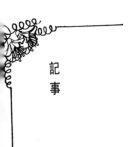

記
事

14

情感反轉移

周玉真

一、前言

在 Freud 提出「情感轉移」時,「情感反轉移」概念已隱含其中。由於諮商是諮商員和當事人兩方相互知覺的互動歷程,當事人有可能將其過去或現在的行為、情緒或態度投射到諮商員身上,諮商員對當事人亦有可能產生類似的經驗投射;為便於區分兩方移情主客體的不同,分別以「情感轉移」和「情感反轉移」稱之。繼上一單元討論「當事人情感轉移」,本單元乃以「諮商員的情感反轉移」為主題,探討情感反轉移的意義、影響及處理。為行文之便,或以反移情稱之。

二、情感反轉移的意義

Freud 在 1910 年首次提出情感反轉移,係指治療者對當事人產生強烈的情感反應。這是由於當事人的某些行為引發治療者內心深處未解決的衝突、情緒或痛苦,而導致治療者以出自於意識或潛意識的不客觀態度對待當事人(Kottler, 1986; Peterson & Nisenholz, 1991, p. 45)。這種觀點乃是將反移情視為諮商員對當事人的錯誤知覺,亦為諮商員的不適當反應,諮商員應加以克服與避免。

相對於以上的解釋,統合學派(the totalist)則將反移情定義為:在諮商情境中,諮商員或治療者在潛意識或意識上「所有」對當事人的感覺及態度。基於所有的涵攝,顯示反移情是不可避免的;Corey 和 Corey(1989, p. 94)即明白指出,沒有一個人可免於反移情(no one is immune to countertransference)。這種諮商員對當事人的情緒反應,

171

可能源於諮商員個人未解決的問題，亦可能因諮商過程中當事人的某些態度、情感和行為等而引發，當然，此二者也可能同時對諮商員產生影響，激起其個人的反移情情緒（Swift & Wonderlich, 1993）。

事實上，在所有的人際關係中都存有某種程度的移情和反移情，並由此交織成複雜的互動歷程；我們都難免因為個人主觀或客觀因素而對他人持有不同的好惡態度，並對不同的人採取不同的互動方式。而探討諮商員在諮商情境中的反移情，乃是為了避免諮商員不當的以自己的情緒反應來誤解當事人，或是反以滿足個人的需要而未以當事人的需要為前題，忽略了當事人的權益與福祉。

究其實，諮商員對當事人的情緒反應是治療中最重要的成份，反移情所造成的影響為何，端視諮商員能否正確覺察與處理。Swift和Wonderlich（1993）就指出，反移情可能干擾諮商過程，但若諮商員能夠確認之，並在諮商過程中予以適當的處理，則其對治療能有催化的效用。McElory和McElory（1991）亦認為，諮商員對當事人的反移情情緒（countertransference feelings），是協助當事人的最有利線索；能幫助諮商員更深入地瞭解當事人的內心世界（Corey, 1991）及人際關係（Young, 1991, p. 64），而且適當的反移情有助於諮商關係的建立。是以，諮商員如何覺察自己是否有反移情，以及如何妥善運用自己的反移情來增進諮商效能，才是我們認知此一主題的重點。在本單元錄影帶中，亦將著重介紹諮商員如何覺察及有效運用自己的反移情。

三、諮商員反移情行為及其負面影響

　　諮商員的焦慮是反移情的基本來源，此焦慮可能源自於：(1)諮商員追求能力展現和渴望成功的需求，易急於為當

事人解決問題、期望當事人的問題有所進展，以避免諮商失敗；(2)諮商員個人有尚未解決的問題，而此種未竟事務所帶給諮商員的某種感受被投射到當事人身上；(3)諮商員受到當事人焦慮情緒的影響，此可能因過度同理當事人而受到情緒感染所致（Brammer, Abrego & Shostrom, 1993, pp. 215－216）。

除了焦慮之外，諮商員也可能因為角色的關係而對當事人和自己持有某些既定的認知，例如：認為當事人應該變得更好一些、應該不要那麼依賴、應該感謝諮商員的努力等，這些期待在當事人表現出漠不關心、敵意、口頭攻擊、不求上進、失望時，諮商員便很容易對當事人產生反移情的情緒反應（Fremont & Anderson, 1986； Young, 1992, p. 63）。

諮商員在探討自己是否對當事人有反移情反應時，可依下列幾個類型及與當事人的互動動力做為辨識的線索。Corey、Corey和Callanan（1988）提出諮商員最常見的反移情有下列八種行為類型：

1.以過度關心的態度保護當事人。
2.因為害怕當事人生氣而以仁慈、親切的方式與之互動。
3.感覺當事人是依賴的而拒絕他們。
4.為了與當事人保持距離而產生敵意的行為。
5.需要從當事人處得到持續的增強與肯定。
6.在當事人身上尋找自我而模糊了諮商目標。
7.欲與當事人發展性或浪漫的情感。
8.強迫性的給予建議。

Watkins（1985）將反移情分為過度保護、和善的、拒絕的以及敵意的四個類型，對其間的動力亦有較多的說明，分別為：

173

㈠過度保護的（overprotective）反移情

諮商員視當事人為脆弱的、幼稚的、需要相當多的照顧與保護的，而傾向去保護或隔離他們。有時諮商員會避免讓當事人經驗傷害、焦慮、罪惡感等負向情緒，或是在諮商室外，諮商員仍非常擔心當事人，甚至成為一種強迫思考。在這種關係裡，諮商員扮演的角色類似撫育的、保護的、過度擔憂的父母，而當事人則像是他們未成年的孩子，如此一來，諮商員的態度和行為不僅會引起或增強當事人的依賴，亦剝奪當事人面對及解決個人問題的機會。

㈡和善的（benign）反移情

此動力是來自於諮商員有被某些當事人喜歡的需要，或懼怕當事人生氣。為避免當事人的拒絕或生氣，諮商員創造和善溫暖的氣氛，將晤談焦點置於正向的特性，會刻意避免觸及負面的、有問題的層面，因而對當事人的問題缺乏深度的探索及敏銳的了解。這種諮商關係就類似同儕關係，諮商員常會有過多的自我揭露，然而卻也因此失去諮商關係應有的距離，或僅止於友誼的互換而已。

㈢拒絕的（rejecting）反移情

諮商員亦視當事人為依賴的，然而在行為上，諮商員表現出冷漠、疏離的態度。諮商員之所以表現出拒絕，其動力可能因為怕被要求或怕為他人的福祉負責，因此，諮商員會費力地與當事人保持距離。諮商員亦可能以間接、隱含的退縮反應來表示拒絕，例如：不必要的及過度的使用沈默。

㈣敵意的（hostile）反移情

敵意的反移情通常是由於諮商員在當事人身上看到個人

不喜歡或憎恨的部份，或害怕為當事人紊亂的行為感染所

致，因此，諮商員會刻意地製造彼此的距離，例如：諮商員對當事人的溝通甚為簡短、粗率，或者在晤談時屢次遲到或忘記，甚至在引起當事人憤怒時，諮商員卻以此為樂。這種敵意的行為表現會使諮商關係出現緊張，彼此苛刻的批評對方，而使諮商關係中斷。

Corey 等人和 Watkins 所提的反移情類型多有雷同，而其中最大的共同點在於：這些行為皆使得諮商的進行無法以當事人的需要及成長為中心，而是諮商員透過當事人來滿足自己的需要，此不僅有違諮商倫理，亦影響諮商目標的達成。再者，不管諮商員對當事人移情的類型及動力為何，若諮商員未能及時覺察與處理，將會對當事人及諮商過程帶來負面的影響（Watkins, 1985），可能包括：

1. 阻礙當事人直接面對自己的問題，因而失去接受個人挑戰衝突的機會。

2. 造成當事人的依賴，致使當事人在諮商過程中毋須做任何的努力。

3. 諮商員和當事人失去應有的距離，使諮商變質而成為朋友間的談話。

4. 諮商員產生過度的認同感，因而阻礙當事人深入與敏銳地探索其關心的主題。

5. 諮商員的拒絕可能使當事人掙扎於抓不住現實感的焦慮及被遺棄的恐懼中。

6. 諮商員與當事人的關係反而增強與鞏固早期的人際結構與行為模式，而這正是當事人的問題根源。

7. 造成緊張的諮商關係，更甚者則形成惡劣的關係，導致雙方相互報復。

8. 提早結束諮商關係。

以上任何一項的發生，都對整個諮商的效果有莫大的傷

害，所以諮商員必須及早處理，以避免彼此不適當反應的發生。當然，諮商員的反移情並不一定存有負向的影響，而是當它干擾了諮商目標的達成及損害當事人的權益時，才需做進一步的處理。

四、反移情的處理

要處理諮商過程中的反移情，首重諮商員對自己的行為能夠清楚覺察與辨識，繼而以有效的方式予以處理。根據Brammer 等人（1993）、Peterson 和 Nisenholz（1991）、Watkins（1985）的看法，對於反移情的處理，諮商員可以下列方式依次進行：

(一)尋找感覺的來源

諮商員對當事人的情緒反應是治療中最重要的成份，在諮商過程中，諮商員不難體驗到自己對當事人的情緒反應為何，亦可從Corey和Corey（1989）所提出一些反移情的可能訊號來檢視自己，有關的行為線索包括（p. 95）：

1. 你很容易對某些當事人生氣。
2. 對於這個你尚未知悉的當事人有強烈的憤怒情緒。
3. 對某些當事人你總是超時諮商。
4. 對遇有不幸的當事人，你會想借錢給他。
5. 對於哀傷案主，你會想很快地去除他的痛苦。
6. 在與某些案主諮商完後，你會習慣性地覺得沮喪。
7. 對某些當事人即將到達，你覺得很興奮。
8. 面對某些當事人，你容易感覺無聊。
9. 你給當事人很多建議，並要當事人做你認為他應該做的事。
10. 你對某種當事人會有演說的情形。

Brammer 等人亦提出二十項反移情的行為癥兆（p.
216），包括：

　　1.想睡覺，或沒有傾聽與注意、無法專注。

　　2.否認已存在的焦慮與想法。

　　3.坐姿僵化。

　　4.同情之心多於同理，或變得過度情緒化。

　　5.懷疑自己的了解或反應。

　　6.太快或不正確的解釋。

　　7.無法確切了解當事人的情緒。

　　8.毫無理由地厭惡或喜歡當事人；對不欣賞的當事人生
　　　氣。

　　9.無法認同當事人，例如：當當事人感到失望時，諮商員
　　　卻毫無情緒反應。

　10.過度認同當事人。

　11.易和當事人爭論，無法接受當事人的批評。

　12.對當事人有「最好」或「最糟」的分類與感覺。

　13.非晤談時仍一直考慮如何與當事人繼續談。

　14.與某些當事人晤談會有習慣性的遲到或逾時結束。

　15.企圖以較戲劇性的說話方式引發當事人的強烈情感。

　16.過度關心當事人的隱私。

　17.有被強迫去做某些事的感覺，因此會很強烈地像機關槍
　　　似地不斷解釋及建議。

　18.夢見當事人。

　19.以忙碌為由而無法與當事人晤談。

　20.過度處理當事人問題而感覺疲累，亦因而抱怨工作太
　　　多。

　　經由對自己內在情緒及外在行為反應的覺察，若諮商員
本身經驗到上述任何一種情形，則需要再進一步的分析。

(二)自我分析

諮商員可以利用攝影機或視聽器材記錄諮商過程，以分析自己的口語及非口語反應，來了解自己的人際互動模式。亦可在晤談結束後，經由下列若干具體的問題自我檢視一番（ Corey et al., 1988 ）：

1.當我與這個人在一起時，我有什麼感覺？
2.我的體驗是什麼？
3.我想要說什麼與做什麼？
4.我覺察到什麼是我未對當事人說的？
5.我是否發現自己很希望當事人沒來？
6.我是否發現自己很希望當事人待久一點？

Brammer 等人則提出諮商員自我分析的問題內容（ p. 218 ）：

1.為什麼我對這個當事人的意見作特別的反應？背後隱藏的是什麼？當別人表達某個意見時，我的反應是什麼？
2.我努力的想從當事人身上發現什麼？為什麼我問那個問題？我幫助當事人的真正目的是什麼？我是否只是好奇？我問這些問題是在做判斷嗎？
3.為什麼我很想給他這個忠告呢？是否因為覺得當事人期望我回答所有問題？我所做的反應都很明智嗎？
4.對於感覺不被愛及沒有安全感的當事人，為什麼我的情緒涉入那麼多？是不是因為我也覺得不被愛、沒有安全感？
5.為什麼我要（或不要）請當事人的父母、丈夫或太太一起來諮商？我是不是過度認同當事人，而且已經拒絕他先生／或丈夫／或父母的解釋？
6.為什麼在第一次諮商時我講那麼多而不讓當事人講他自己的問題？是不是因為我希望當事人認為我是有能力，

178

以能有第二次諮商？

7.當事人要取消諮商時，爲何我如此沮喪？是不是因爲我覺得沒有安全感，對於我所使用的技巧不是很確定？

8.在諮商該結束或應該轉介個案時，爲什麼我不願意放手？我是因爲自己的需要利用當事人？還是讓當事人利用我？

若諮商員本身能針對自己之於當事人的反應，進行意圖（intentions）的探索，不僅對處理自己反移情反應有所幫助，亦能增進個人的諮商效能。

(三)眞誠地自我開放

若諮商員覺察到自己有反移情現象時，可在諮商情境中做立即性的處理，亦即眞誠地開放此時此刻的感覺與想法，並且認眞、不防衛地傾聽當事人的反應（Maroda, 1991）；大多數的諮商員亦傾向使用這個方式來處理自己的反移情，然而值得一提的是：惟有在諮商員覺得向當事人開放自己的情緒能夠增進彼此的諮商關係時，才是適當的開放時機。而且，如果反移情的產生是來自於當事人不適當行爲或態度，諮商員需運用其專業知能，眞誠地與當事人討論自己的感覺，幫助當事人覺察其行爲或態度對他人的影響，並協助其解決可能衍生的問題，這對當事人的助益是相當大的。

(四)進行個人或團體諮商

諮商員可進行個人諮商或參加成長團體，以探索個人潛意識的需要或未解決之衝突，了解個人的內在動力及人際互動模式，以提高敏察力，並知道自己的限制所在，而這些皆有助於諮商員避免不自覺地利用諮商來滿足自己的需要或傷害當事人。

(五)尋求督導的協助

　　尋求督導的協助是因應反移情的最佳策略（Cerney, 1985），學校的師長、工作長官或同儕、同事皆可為督導。藉由督導的協助，個人可以發現自己的盲點，增加覺察的深度和廣度，或協助有效處理破壞性的反移情行為。Corey和Corey（1989）提到，諮商員可藉著與督導的討論而更了解自己的反移情，但重要的是，在督導的過程中，是以探討諮商員個人對當事人的感覺為主，而非談論當事人的問題（p. 95）。

(六)轉介當事人

　　轉介當事人並非意味著自己的諮商無效；坦承由於某些妨礙諮商關係的因素無法克服而轉介當事人，乃是以當事人之福祉為前題而做的決定。

　　總而言之，諮商員要能經常監控自己的情緒狀態，並判斷自我揭露是否對當事人有幫助，必要時需接受個人問題的處理，以避免妨礙當事人的成長。

五、結語

　　就如同 Racker（1957）所說的：「對當事人的心理狀態，與其從諮商員的意識判斷來了解，不如從諮商員對當事人的情緒反應來掌握更為準確。」（李執中，民79）。Cormier 和 Cormier（1991）綜合多位學者的看法，亦認為要有效的處理情感轉移和情感反轉移，諮商員須先覺察自己內在動力系統的運作，並對於情緒引發的根源加以探究；其次，諮商員應持續覺察自己的反應對當事人的影響，以及當事人

的反應對自己的影響，檢視兩人的關係品質，以能找到一個較為客觀且適當的情感涉入層次與處理方式，這亦是諮商員自我覺察的用意所在。

⬇參考書目

李執中編譯（民79）：人本心理治療進階。台北：大洋出版社。

Brammer, L. M., Abergo, P. J. & Shostrom, E. L. （1993）. *Therapeutic counseling and psychotherapy* （6th ed.）. NJ：Prentice Hall, Englewood Cliffs.

Cerney, M. S. （1985）. Countertransference revisited. *Journal of Counseling and Development, 63,* 362－365.

Corey, G. （1991）. *Theory and practice of counseling and psychotherapy* （4th ed.）. CA：Brooks／Cloe Publishing Company.

Corey, M. S. & Corey, G. （1989）. *Becoming a helper.* CA：Brooks／Cloe Publishing Company.

Corey, G., Corey, M. S. & Callanan, P. （1988）. *Issues and ethics in the helping professions.* CA：Brooks／Cloe Publishing Company.

Cormier, W. H. & Cormier, L. S. （1991）. *Interviewing strategies for helpers.* CA：Brooks／Cloe Publishing Company.

Fremont, S. & Anderson, W. P. （1986）. What client behaviors make counselor angry？：An exploratory study. *Journal of Counseling and Development, 65,* 67－70.

Kottler, J. A. (1986). *On being a therapist*. CA : Jossey – Bass Publishers.

Maroda, K. J. (1991). *The power of countertransference*. NY : John Wiley & Sons Ltd.

McElroy, L. P. & McElroy, R. A. (1991). Countertransference issues in the treatment of incest families. *Psychotherapy, 28,* 48 – 54.

Peterson, J. V. & Nisenholz, B. (1991). *Orientation to counseling* (2nd ed). Massachusetts : Allyn & Bacon.

Swift, W. J. & Wonderlich, S. (1993). House of games : A cinematic study of countertransference. *American Journal of Psychotherapy, 47,* 38 – 57.

Watkins, C. E. Jr. (1985). Countertransference : Its impact on the counseling situation. *Journal of Counseling and Development, 63,* 356 – 359.

Young, M. E. (1992). *Counseling methods and techniques : An eclectic approach*. NY : Merrill.

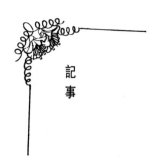

記
事

15

團體諮商

陳均姝

一、前言

　　團體諮商為現今非常受歡迎的心理成長性活動，許多學校、機構、社團，無不舉辦許多團體，以促進參與者的成長或問題解決。何謂「團體」、何謂「團體諮商」呢？簡而言之，「團體」是指運用團體過程和動力的知識作為處理團體人際關係和任務的策略及技術的方法（E. G. Bormann, 1969）；引自吳秀碧，民74），而「團體諮商」為一種發展人際關係與學習的動力過程，團體成員們在具有專業訓練之領導者引領之下，得以重新評鑑自己的思想、情感與行為，並可於此安全的實驗性社會情境中嘗試新行為、改變自我、學習解決問題，促進個人的成長和發展（吳秀碧，民74）。

　　愈是舉辦許多團體，就代表需要愈多的專業團體領導者來帶領，而團體領導者的重要性就猶如交響樂團的指揮家一樣，被視為整個團體的靈魂，常能引領團體發揮「她」最好的效能——演奏出最優美的樂章……因此，為提昇團體的效能、促進團體成員的收穫，優秀團體諮商領導者的養成當更形重要。

　　每位團體領導者都希望自己是一位優秀的領導者，但團體領導者的養成與其他專業養成一樣，需要具備許多廣博的知能，更需要有豐富的專業經驗，才足以擔任團體領導的角色，確保成員的利益。美國團體工作專家協會（Association of Specialists in Group Work, ASGW）於1983年提出「團體諮商員訓練的專業標準」（Professional Standards for Training of Group Counselors），包括團體領導人員的知識能力、技術能力與須具備的實務經驗等。而著名的團體專家Corey和Corey（1987）亦以其豐富的團體經驗，建議領導者訓練應包含領導者個人的心理治療、自身參加團體經驗

與實際接受訓練團體；Yalom（1985）也同時強調觀察有經驗的臨床工作者與接受正式督導的重要性。

　　除上述所言，團體領導者本身的人格特質更爲學者所重視，一般而言優秀的團體領導者通常具有一些共同的特質，可有助於團體的進展，如同理心、人格成熟與統整、樂觀積極具行動力、容忍不明確、勇氣、可以身示範、全心投入、能開放自己、眞摯的關切人、具高度的自我覺察、有彈性、幽默感、創造力、眞誠與尊重他人等（Corey & Corey, 1987；吳秀碧，民74；呂勝瑛，民73）。

　　簡而言之，團體領導者的學習應從理論、技術、自我人格成長、實務經驗與被督導經驗等五個向度來努力。尤其，後兩者的經驗學習將有助於學習者不斷地將前三者——理論、實務與自我結合，形成個人獨特的諮商風格。

　　本文限於篇幅，擬以增進團體領導者的技術能力爲主要導向，協助學習者了解帶領團體諮商最需具備的基本技巧，但深厚的理論基礎仍爲學習技巧者首需具備，尤其如何判斷於何「時機」介入與如何介入，更是技巧使用者需不斷學習的。

　　另外，學習技巧之初，觀摩有經驗的領導者帶領或觀看錄影帶爲許多專家學者推薦的方法，本文亦配合錄製了錄影帶可供學習者參考，但若能再與同儕組成一個訓練團體，以角色扮演、討論等方式學習，將更能促進學習效果。

二、運用團體領導技巧的相關知能

㈠了解團體諮商領導者的角色、任務與功能

　　由於「團體諮商」比「團體輔導」更注重成員間彼此的人際互動，所處理的重點不限於認知層面，而強調情緒、認

知、行為與態度多方面的改變，但並不包含「團體治療」所希望的人格上整體的改變。因此，團體諮商領導者的主要角色、任務也有所不同，強調運用其專業的知能催化整個團體與成員的互動，注重成員們此時此刻的表達與回饋，並引導建立最具建設性與治療性的團體氣氛。

領導者在團體中扮演的角色有許多種，包括領導者、專家、催化者（催化團體過程的發展）、參與者、觀察者……等。領導者應有能力敏察團體所傳遞的訊息，自然恰當的發揮所需角色的功能與避免其角色可能的缺點，領導者也需從經驗不斷考驗自己執行各角色的能力與效果，統整自己作為團體領導者的角色與功能，而能作最適當的介入（吳秀碧，民74；黃惠惠，民82）。

(二)了解團體諮商的目標

「團體目標」就好像是領導者引領團體時的「地圖」一般，清楚瞭解目標是團體領導最重要的概念，也是領導者運用各種技巧的基礎，例如掌控與轉移焦點（focus）的決定、何時或如何切話、引話等技巧，皆需根據團體的目標而定，甚至在計畫團體時，團體的種類、大小、聚會時間等亦隨目標的不同而不同（Jacobs, Harvill & Masson, 1988）。因此，事先運用問卷、會議或其他方式廣泛蒐集有關資料、了解參加對象的特質與需要和試想可能的主題與活動，不僅有助澄清目標，更能使領導者對目標有深刻認識。

Corey等人（1982）認為團體領導者應該了解團體的兩種目標，一般性的團體目標（general goal）與過程的目標（process goal），前者為經由建設性團體氣氛的形成，而協助成員透過團體運作達到個人目標；後者在於協助成員願意與學習自我開放、與人分享、給予與接受回饋等有效溝通。另外，團體依據其不同類別、對象與問題等而有不同的目標，例如戒酒團體以改變成員的酒癮習慣為目標，離婚婦

女團體以協助成員調適離婚後的情緒、認知與生活等,故團體的目標往往是多重的,且並非一成不變,團體開始後,需視該團體與成員的需要而改變(Jacobs, Harvill & Masson, 1988)。依前述所言,似乎是領導者決定目標,其實不然,真正決定團體目標的主體是「成員」,領導者僅是協助成員運用團體達成個人目標,而一般的團體目標亦與個人目標是相輔相成的。

(三)了解團體的發展階段與過程

團體並非靜止不動的,而是一個複雜、變動的有機體,團體的過程有其階段性,亦可視為一個團體生命的成長歷程。許多學者已提出不同的團體發展階段理論(Corey & Corey, 1982; Yalom, 1985),強調團體的發展是有跡可尋的,其呈現的狀況與特色可予人辨別出階段性,使領導者據以預測團體進展、訂定目標、催化團體順利進階,作最適宜的介入與引導。

團體的發展階段雖然各說不盡相同,所強調的重點相似,Corey(1982)的四階段:初期階、轉換階段、工作階段與結束等四階段,其簡扼的分法較為人所熟知,以下即摘要重點表列如下:

Corey（1982）的階段論

階　段	特　　性	成　員　之　功　能	可　能　之　問　題	領　導　者　之　功　能
初期階段	1. 彼此認識、試探、試驗。 2. 團體基本規範之建立。 3. 成員會擔心被拒，少冒險行為。 4. 學習互動、建立信任感。	1. 主動態度。 2. 學習表達自己。 3. 參與團體規範之建立。 4. 確立個人之特定目標。 5. 學習團體的基本過程。	1. 有的成員會有看戲的心理等待別人去表達。 2. 有的會害怕，難以信任別人。 3. 有的會表現抗拒。 4. 有的很快提出建議。	1. 教導成員團體的基本規則。 2. 鼓勵成員表達內心的感受。 3. 示範自我開放。 4. 幫成員建立個人之具體目標。
轉換階段	1. 自我察覺提升、而開始有矛盾之情，想冒安全的險著、又想冒險的說出。 2. 抗拒、焦慮、自我防衛增強。 3. 會經歷權力的爭奪。 4. 會向領導者挑戰，看各能否適當的處理問題。	1. 其須承認不舒服之情緒並表達出來。 2. 處理抗拒及獨立和依賴的衝突。 3. 學習建設性的方法來面質別人。	1. 可能會將別人歸類，亦可能給自己加上標籤而限制自己。 2. 可能不願表達負向情緒而造成彼此間的不信任。 3. 面質處理不當，而使防衛更強。 4. 可能形成小團體而彼此衝突。	1. 教導成員了解及處理衝突的情境。 2. 協助成員了解其防衛之行為方式。 3. 示範直接且機智的應付各種挑戰。 4. 鼓勵成員談論此時此地有關之事情。

工作階段	1. 凝聚力、信任感高。 2. 彼此互為領導者，坦誠自由的表達回饋。 3. 較願冒險，讓自己更深入了解自己，並改變自己。 4. 成員間的衝突能直接且有效的處理。 5. 較速時有面質及支持，鼓勵別人。	1. 要將有意義的主題帶入團體。 2. 彼此輪流擔負領導的功能。 3. 開放的接受回饋及給予回饋。 4. 在生活中所學其由團體中所學的技巧，面質別人也支持、鼓勵別人。	1. 彼此熱絡給為了情面有時難以面質別人。 2. 會有領悟，但卻依不到。 3. 面質及情感性而帶來較大的壓力。	1. 示範面質與支持二者之間如何取得平衡。 2. 鼓勵成員嘗試新的行動，讓成員悟化的行為。 3. 有共同的主題，讓成員共同參與。
結束階段	1. 有分離的難愁。 2. 成員會擔心沒有團體的支持是否能繼續決定。 3. 行其所學個團體歷程加以整理及統整。	1. 儘量將所學帶到日常生活中。 2. 未完成的主題，或還沒解決的問題，要加以處理。 3. 回顧團體的歷程，將所學加以吸收，以成為自己認知的一部份。	1. 因要分離，成員有的難以面對，又要封閉自己。 2. 成員未回顧並將此結束視為成長的一個階梯。 3. 有的未將未了的成在此打住。	1. 處理成員面對分離之情緒。 2. 給予成員時間、機會處理團體中的未完成事件。 3. 要讓成員彼此問給予及接受建設性的回饋。 4. 幫助成員在整個團體中其所決定之事。 5. 與成員訂下下家庭作業，使成員能繼續行其決定的事。

（方紫薇譯，民79）

領導者帶領團體前，雖心中已對團體發展有了整體瞭解，但是不要忘了學者們所強調的，各階段並非截然劃分，且每一團體的發展時段與路徑也不盡相同，最重要的是眼前你所帶領的團體的實際發展如何，而非領導者腦海中團體發展的「藍圖」。

三、團體諮商領導者的基本技巧

　　任何一個技巧或一組技巧皆只是一種工具而非目的，領導者使用前需考慮使用技巧所引發的效果是否配合整個團體的目標、階段發展、動力狀況、成員的個別差異、領導者個人風格及諮商倫理，故諮商技巧的學習不僅是學習如何使用，更重要的是「爲何而用」。

　　團體技巧的學習，一般而言，首先須循序了解各種技巧的內容、運用方式、使用的典型情境與功能之外，領導者更須訓練自己發展出對團體介入的敏感性及意圖，才能眞正適當且靈活地運用技巧於團體情境之中。Person（1985）即認爲領導者於運用技巧前，需先對團體動力與團體事件的判斷有所認識，並對團體的認知、價值與介入意圖產生連結，如此地運用技術與有意義的介入，方具彈性且符合特定情境（張麗鳳，民81）。

　　因此，本文所列出的技巧，僅爲初步地介紹各技巧爲何及如何使用，而培養其使用的時機敏感性與介入意圖，則待學習者未來的實際帶領與被督導經驗中逐步建立，以下僅列出團體諮商領導的基本技巧，並依類分爲：

　　1.與個別諮商相似的團體諮商技巧
　　2.促進團體互動的技巧
　　3.適用不同團體階段的技巧
　　4.使用結構式活動的技巧

(一)與個別諮商相似的團體諮商技巧

與個別諮商相似的團體諮商技巧包括：傾聽（listening）、同理心（empathy）、複述（restatement）、反映（reflection）、澄清（clarifying）摘述（summarizing）、解釋（interpreting）、支持（supporting）、發問（questioning）、面質（confronting）與自我揭露（self　disclose）等。有關此類技巧的詳細介紹請參考個別諮商技巧的專書，但就諮商情境的差異而言，如情境中的「當事人」多於一人以上，因此實際上使用這類技巧時，可作爲對「個人層面」、「人際層面」（兩位成員以上）與「團體層面」介入點的技巧來使用，如以「反映」技巧來說明：

1.個人層面：「你今天看起來好像很快樂的樣子！」
2.人際層面：「你們兩個人好像越來越親近了！」
3.團體層面：「今天，我們在團體中的感覺好親近喔！」

因此，領導者可依其介入的意圖，運用此技巧於不同的介入層面，發揮其不同的效果；若是再增加技巧介入的層面，即同時包括兩個以上介入的層面，效果將更具威力，如「家邦與莉莉好像對公開表示不同意對方有些困難，也讓我感覺到，好像也反應了我們團體已經建立了一種不能不同意的規範，這種規範雖然不是公開的，但好像已存在我們的團體當中，不曉得各位覺得如何？」（Ward, 1985）

(二)促進團體互動的技巧

團體諮商與個別諮商最大的不同在於團體內所自然呈現的人際互動，團體經驗的核心，也在於成員彼此之間的互動，因此，優秀的領導技巧是要能催化與促進團體成員間的互動，讓「團體」依其特性與需要運作，發揮其最大的效能。此類技巧較著重於整個團體層面與人際層面的考量，做

必要的介入，並催化其團體動力。

1.阻止（blocking）

　　「阻止」為領導者防止團體或部份成員的不適當行為所採取的措施，非針對個人，亦避免貼標籤。例如：攻擊未出席的成員、談論某位成員的閒話、緊迫盯人似的追問隱私，當團體中發生此類行為時，領導者需以堅定而溫和的語氣制止。

　　「我不知道娟娟為什麼兩次都沒有來，或許各位有一些情緒想表達，但是我認為在這裡猜測或認定她是惡意的，不太適合，我們可以在下次她來的時候，再當面與她討論，好嗎？」

2.連結（linking）

　　領導者將成員間所表達的觀念、行為或情緒相似之處予以連結，以幫助成員了解彼此的異同之處，或者更進一步找出團體中產生的主題，予以連結，藉此連結促進團體討論共同關心的問題，以提昇其團體效能與凝聚力。進行連結技巧時，同時可鼓勵成員間彼此直接自由地溝通，以促進團體的互動與效能。如：

　　「曉玉和力平都談到了當老大的好處，也好像都蠻滿意這種角色對自己的正面影響，但是曉玉有時卻又希望能像老么一樣撒嬌。」

　　「立仁，你提到了再婚後對方子女對你的排斥與剛剛麗雲所談為人繼母的難處有一些類似的心情，你們願不願意直接談一談各自的感受或想法呢？」

3.執中（moderating）

　　領導者以客觀公正的立場，邀請團體中的成員表達不同的看法，以確保所有的意見都有一個公平被聽到的機會。

　　「似乎團體裡對這件事有兩種看法。我們剛聽完反對女生宿舍禁宵的意見，另外一邊，你們的意見又是如何？」（何長珠，民72）

193

4.運用眼神（use of eyes）

領導者掃視整個團體，非明顯地左顧右盼，而是自然地運用餘光來觀察，如此地觀察常能蒐集到許多寶貴的訊息，例如有誰對說話者同意或異議、誰好像有話要說、特殊非口語的訊息等，均為領導者隨時介入的依據；另外，也可運用眼神鼓勵成員說話或有意轉移視線阻止成員說話（Jacobs, Harvill & Masson, 1988）。

「約翰，我注意到剛剛瑪麗在談她的時候，你一直在點頭，是不是你也有類似的經驗？如果有的話，願不願意也跟瑪麗分享一些呢？」（Harvill, Masson & Jacobs, 1983）

5.聚焦（focus）

首先，領導者要有能力判斷此時團體的焦點為何，以及了解此時此地最適當的焦點，方能適切地運用建立、維持或轉移焦點的技巧。團體的焦點有時是個人，有時是一個主題或是活動（activity）。通常，領導者可以運用活動或練習來建立團體的焦點，靈活使用繞圈或配對的方法也是使成員們有效聚焦的方法，如太多話的成員，就要有技巧地引導其他成員參與，阻止其占用團體太多時間，巧妙地轉移焦點於其他成員身上或是轉移於主題上（Jacobs, Harvill & Masson, 1988）。

「沛華，你剛剛已經說了蠻多你自己對男女朋友的想法，我們是不是也請其他人也談談看？」

「當力文談到他父親的病痛時，我發現我們轉移了話題，好像有一些逃避，我想，力文遭遇到這種經驗，一定很難過，需要我們的關心，我們可不可以再把主題放在這裡，看我們可以怎樣來幫忙力文，好嗎？」

6.引話（drawing out）與切話（cutting off）

領導者可運用活動、繞圈、或直接普遍邀請所有成員或可指名，以眼神或其他手勢等非語言訊息亦有此效果，切話技巧亦然。但如同聚焦技巧一樣，先前對團體的判斷為使用

此技巧的基礎（Jacobs, Harvill & Masson, 1988）。尤其，面對一些較害羞或較沉默的成員，領導者需適當地鼓勵其發言，並表示他們的發言很重要，領導者與其他成員非常有興趣想了解他們，但要注意，不要當場逼迫他們，以免讓他們反而更退縮。

「我注意到，小麗，你有好一陣子沒有說話了，我不知道剛才所談的主題是不是與你有關，如果有關的話，請你可以自由地談一談你想談的。」

「如果你有任何想要在這個團體說的，請你自由地談一談。」

7.對團體過程的觀察

如果一直將團體停留在成員們所談的「內容」，而忽略了團體進行的「過程」（即此時此刻團體正發生的事情、互動模式和程序），將忽略了許多寶貴的資料。而引導成員們增進對團體過程的觀察力與敏感性，Pearson（1981）認為是領導者重要的領導技巧之一。如：

「我認為我們這樣長時間的沈默的原因之一是我們可能缺乏對團體目標的討論，導致因害怕所談論的事不太適當而有所遲疑。」

「我想指出我已經觀察到的模式（pattern），這對我來說很重要。我已經注意到，每當在團體當中談及我們這個團體要做某項活動時，好像大部分的人會看著我來解決這個問題，我想是不是你們會假設團體要做什麼是我的責任。」

「剛剛安妮建議我們列出可能討論的主題，除了恩卓之外沒有人針對這個建議做任何表示。我們的沈默有可能表示贊成、不贊成或冷漠，這個狀況讓我覺得，我們雖為一個團體，但對安妮的建議，我們卻不知道我們的意見為何。」

㈢適用不同團體階段的技巧

以上所介紹的團體領導技巧，幾乎在團體的整個過程階

段中皆會運用，但是因為團體本身發展的階段特性與需要，各技巧需加以配合與運用，以下列舉因應不同團體階段可能發生的狀況，所可能會運用的技巧：

1.團體前的準備

好的開始是成功的一半，形成團體之前除了領導者本身的「練功」外，用心地作些準備，可達事半功倍的效果。

(1)首先著手擬定完整的計劃書

無論高或低結構的團體，將欲進行的團體目標、性質、類別、功能、領導者角色、對象、時間、人數等列出。

(2)篩選成員的面談或預備會議

可視領導者的須要與人力作選擇，個別會談較能了解欲加入成員的動機與適合性（並不是每個人都適合參加團體）。另於面談過程中，協助其了解團體及確定其參與意願，另方面也使領導者了解成員的個別特質與問題；若是進行預備會議，對領導者而言，會較為經濟，亦同時具備介紹與澄清團體目標的機會，但較無法如個別面談般，有深入相互了解的機會。

2.初期與轉換階段的技巧

(1)讓成員準備從團體中獲得最大收穫

以一些原則作為催化劑，協助成員成為主動的參與者、如何從團體經驗中獲得利益，如：

a.注意自己的感受、主動積極地參予並表達自己，團體可以談論任何與團體目標及個人有關的主題，但自己有權力決定自我開放的程度，必要時也可以插入別人的談話。

b.傾聽關心別人，也盡可能給予別人適當的回饋，但避免忠告、建議與諷刺。

c.可以合理、肯定而不具有攻擊性地表達情緒，包括正面、反面的情緒。

d. 時常檢討是否團體的過程能夠增進學習，及團體的行為是否有助於促進團體的目標。

e. 領導團體不只是領導者個人的責任，團體的每一位成員都可以具有領導的功能。

(2)建立與強化團體規範

以開放方式討論，邀請成員共同討論團體規範，並於團體過程中不斷地引導示範，例如前述所提希望成員如何參與的建議，都可以在團體規範中具體討論，另外保密、守時、不可身體攻擊等也需要強調說明，為避免團體成為給一大堆無謂建議的場所，團體規範中也可讓成員了解，團體可以以「探索個人問題」為規範，而非以「尋求問題解決」為規範來運作。

(3)處理成員焦慮、害怕的情緒，建立信任感

成員面對陌生的人與團體情境，難免有些擔憂，領導者首重信任感的建立，適當的示範、引導，甚至運用具催化性的活動，讓團體打破陌生感，鼓勵表達個人感受（不論正向、負向），適當地讓成員了解其他人也如此。

(4)處理防衛或抗拒

團體初期成員自然會有些防衛或抗拒的行為，如將重點放在他人而少談自己、問別人問題、用概括性語言「大家都」、「我們」、「你們」或不參與、沉默等，領導者需敏察並尊重成員的此類行為，提供成員表達此類行為的內在情感之機會，主動帶頭示範自己的感受，但不責備成員，另外直接引導成員用適合的行為方式或直接而溫婉地面質成員也是不錯的技巧，如「國強，你常常很詳細地敘述事情，甚至太繁瑣，讓我很難專心，我反倒是很想知道你是怎麼受到這些事情的影響，我不知道是不是其他人也有這樣的感覺？」「你對這件事分析得很有道理，但是我更想知道這

197

件事與你的關聯是什麼？」

3.工作階段的技巧

此階段技巧的特色，在使成員有機會面對自己，產生更大的了解與頓悟與發現過去與現在經驗與行為的關連，而領導者採用諮商理論的取向將影響其運用的技巧，如完形學派的領導者將常用空椅法、幻遊等增進成員的覺察能力，但一般而言，領導者常視團體的需要運用多種學派的技巧，但不論用哪種已發展的技巧，要切記的是成員所給予的訊息，而準備隨時放棄我們所謂的技巧……

(1)角色扮演

當成員無法清楚地陳述有關自己與他人的溝通或關係上的困擾，或有必要做溝通方面的技巧演練、行為預演時，領導者可使成員以角色扮演的方式，深入探索問題，並從中有效介入或示範（詳細方式請參考有關書籍）。

(2)內外圈方式

若團體中的成員有不同的意見或特質時，皆可使成員分為內外圈，增進了解與探討彼此間的差異。如請較沈默的成員與投入較多的成員分為內外圈，彼此談論、傾聽個人感受與想法，最後再歸納整理。

(3)繞圈做某一件事

有必要聚焦某一成員或某一主題，藉以誇大其情緒、想法或行為，可修改靈活運用此方式，如一成員一直覺得負擔好大、好大，可以使該成員拿電話簿壓在自己頭上，感受此負擔，並繞圈逐一在每位成員面前說：「某某，你……讓我覺得負擔很重」，爾後再繞一圈說：「你……，我讓自己感受到……負擔很重。」（曾華源譯，民79）

(4)雕塑

領導者若發現只是談談或敍述沒有辦法深入探索，可

198

藉助肢體上的靜態動作方式，使成員更強烈感受某一情緒或狀況，如甲成員描述與先生的關係，總是自己在發號施令、高高在上，不喜歡這樣卻事實又如此，可使該成員邀請幾位成員就其家庭關係的性質，依位置高矮、遠近、姿勢等來代表彼此間的關係，讓該成員更清楚領悟，以引發進一步的改變或探索。

⑸家庭作業或行動練習

改變行為或想法的承諾常需家庭作業或行動練習來增強，因此領導者若採取此策略，可於此階段在團體中教導或示範練習方式。

4.結束階段的技巧

團體將結束，領導者最好在結束前一、二次團體即能先預告成員，讓成員提早做心理準備，處理想解決但未完成的問題，也可先討論分離的情緒、整理所得、訂定或修改行動計畫。通常領導者可直接告訴成員，或以一些活動，如水晶球、未來同學會、互送卡片等引發成員回顧所學、互相回饋與展望未來，若是自發性強的團體更可讓團體決定最適當的結束方式。

團體結束後的追蹤聚會、問卷或訪問等評估團體的能力，也是領導者需具備的，於評估團體效果時須依據團體目標及成員個人成長等向度來作適當的評估。

㈣使用結構式活動的技巧

適當地使用結構性的活動，可增進團體的活力與趣味，並可達到引發情感與討論參與、減低羞怯感、提供領導者有用的資料、集中與變換焦點、能鼓勵成員由做中學習新行為、提供趣味與放鬆等作用（黃惠惠，民81）。雖然，活動的運用有其特定的功效，但任何活動的選擇需視團體的目標、發展階段、成員的身心狀況與需要而選擇，而不能只是為了活動而活動，或覺得這個活動不錯「用用看」，因為「

199

最好的活動」，不見得是「最適當的活動」。並且，要特別注意的是過度使用活動形成高度結構，會嚴重妨礙團體本身過程的自然運作。僅列舉幾種活動方式如下：

1. 媒體的運用：錄音、錄影帶、幻燈片、投影片……。
2. 身體接觸性活動的運用：信任跌倒、瞎子走路……。
3. 角色扮演的運用：可事先或即興擬定主題或劇情，再分配角色與演出……。
4. 布偶劇的運用：同角色扮演。
5. 繪畫的運用：理想老師的畫像、自我畫像、家庭樹……。
6. 閱讀資料的運用或紙筆練習。
7. 完成句的運用、引導思考與表達的活動。
8. 團康性活動：棒打薄情郎。
9. 人際溝通的活動：迴旋溝通、優缺點轟炸。

有關詳細的活動介紹，坊間有許多參考書籍可參考。清楚適當的講解、注意引起成員的參與興趣、著重成員參與過程中的反應，並有足夠的時間讓成員消化，尤其活動後的連結與寓意啟發，為領導者需要強調的重點。

四、結語

運用團體技巧，而非被技巧帶著走，不同團體情境、團體階段發展所需的技巧也不同，領導者更要能了解有關的倫理原則，確保團體成員的利益，避免不當地使用技巧。另外，也要注意團體本身的限制與缺點所造成的傷害，如團體人數較多易生衝突宜避免、成員過度或不當的自我開放可能導致傷害、成員可能會過度依賴或在團體壓力下有負面成長等，如何事先或當場避免可能的負面影響，這是領導者的責

任，也是專業倫理之所繫（請參考坊間團體專書後之「中國輔導學會的專業倫理守則——團體輔導」）。

　　帶領團體諮商是一項專業性的工作，本文所介紹的團體概念與技巧僅為每一位領導者所需具備的基本專業知能，但在每次帶領團體後，相信領導者皆有學而不足的感覺，不斷多向度的「充電」與接受「督導」是進階領導者進修的方向。另外，進一步地深入應用諮商理論於團體中也是領導者專業成長的方向，例如精熟溝通理論或完形理論等其他理論的團體諮商，其在人的改變機轉假設上有差異，處理重點與技巧亦不同，但只要真正深入應用後，對團體成員的助益均很大。不斷尋求成長的精神，是有志專業實務工作者最重要的信念，願共勉之。

⬇參考書目

方紫薇（民79）：團體發展歷程。諮商與輔導月刊，*56*，31－38。

王文秀（民79）：團體輔導的治療因素。諮商與輔導月刊，*54*，32－35。

王文秀（民79）：領導者的理論、角色與功能。諮商與輔導月刊，*52*，27－30。

吳秀碧著（民74）：團體諮商實務。彰化：復文圖書。

呂勝瑛（民73）：團體的過程與實際。台北：五南出版社。

呂勝瑛（民77）：成長團體的理論與實際。台北：遠流出版公司。

何長珠（民72）：諮商員與團體。台北：大洋出版社。

曾華源譯（民79）：團體技巧。台北：張老師出版社。

張麗鳳（民81）：小團體領導人員訓練課程效果之研究——以高雄張老師為例。國立台灣師範大學教育心理與輔導

研究所碩士論文。

黃惠惠（民82）：團體輔導工作概論。台北：張老師出版社。

Corey, G., Corey, M. S., Callahan, P. J. & Russell, J. M.（1982）. *Group technique*. Monterey, CA： Brooks / Cole.

Corey, M. S. & Corey, G.（1987）. *Group： Process and practice*（3rd ed.）. Monterey, Cali： Brooks / Cole.

Corey, M. S. & Corey, G.（1982）. *Group： Process and practice*（2nd ed.）. Monterey, Cali： Brooks / Cole.

Harvil, R., Masson, R. L. & Jacobs, E.（1983）. Systematic group leader training： A skills development approach. *Journal for Specialists in Group Work, 8*（4）, 226－232.

Jakobs, E. E., Harvill, R. L. & Masson, R. L.（1988）. *Group Counseling Strategies and skills*. Cali： Brooks / Cole Publishing Company.

Ward, D. E.（1985）. Levels of group activity： A model for improving the effectiveness of group work. *Journal of Counseling and Development, 64,* 59－64.

Yalom, I. D.（1985）. *The theory and practice of group psychotherapy*（3rd ed.）. NY： Basic Books, Inc., Publishers.

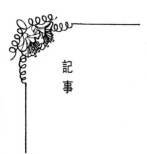

記
事

16

班級輔導

魏渭堂

一、前言

班級團體在學校課程中可說是一項重要的「人性工程」。人本諮商大師羅吉斯將輔導概念應用在教育學習上，即強調教師要以「催化」（facilitation）代替「教導」（teaching），以促成「自我指導的改變」（selfdirected change）（Rogers, 1969）。因此，教師扮演著「團體催化員」的角色，學生也嘗試成為自己的主人（吳武典，民82），學習的意義與樂趣將盡在其中。

二、班級輔導與班級經營

在學校裡，對學生而言最有意義的學習團體就是班級。所謂班級，通常是指由教師和學生所組成的一個團體（單文經，民83）。我們常聽到「班級輔導」和「班級經營」這兩個名詞，班級團體輔導與班級經營在概念上有所不同，班級團體輔導是以學生需求為中心的概念來設計，視學生發展上的需要，提供協助與服務的方法。至於班級經營則是以教師管理為中心的概念來設計，將班級學習中的人、事、物等各種條件加以整頓，藉以協助教師推展活動的方法。然而，廣義來看，二者都是班級導師（或教師）所進行的一切活動（李園會，民81；賴保禎，民82）。

三、班級團體輔導的意義

輔導的基本精神在於協個人了解自己，認識環境，朝最

大積極的自我發展。基本上輔導工作因應服務對象的多寡與服務設計之不同，可分為個別與團體兩大類。團體輔導的主要目的在提供資訊，班級是學校既成的團體單位，導師或輔導老師若能採取適當的團體策略，對於學生的自我發展與問題預防，定能發揮良好的功效，由此可見，班級團體輔導即輔導服務工作的一環。要言之，班級團體輔導的活動方式係指輔導教師（導師）與學生藉班會時間、導師活動、課外活動、或配合課程教學，以適合該年級學生的問題或大家所共同關切的主題，藉由團體活動的方式進行，而在團體活動過程中，由於師生的互動所形成的團體動力，從而增進學生對自我之了解，對環境之認識，並進而能自我實現（蕭文，民83）。由此定義可以看到班級團體輔導的定位是在預防與發展的輔導層次。

四、班級教師在班級團體輔導的角色

依國內各級學校的課程表來看，我國國民中學的課程表中，明列每週每班一小時的班級輔導活動，較能具體明確地實施。然高中與大專在課程表上，並無安排輔導活動時間，但從廣義說來，凡是教師所主持的班級活動，均屬班級輔導活動，亦同樣可達到輔導學生效果（賴保禎，民82）。因此，大專院校的導師時間，站在為輔導學生而設的觀點，也可以是理想的班級團體輔導實施的時間。以大學導師制為例，有下列幾項目標（張雪梅）：

1. 建立良好的師生互動關係，以落實導師的輔導功能。
2. 促進班上同學良好的互動關係，以強化班級團體功能。
3. 藉由班上團體事務的分擔與處理，輔導學生學習社會化之歷程。

4. 對班上共同事務的處理，讓學生學習民權的行使與民主

精神的養成。

5.藉由輔導活動之實施，幫助學生們自我成長，以落實生活教育及人格教育。

由此可知若以輔導工作的預防、發展與診斷三大功能而言，班級團體輔導較能發揮預防性與發展性的功能，班級導師是輔導服務陣容中的第一線人員，若能具備基本的輔導知能，更能將輔導工作的預防發展功能推廣得更好，這正是教育部不遺餘力推展各級學教師之輔導知能進修工作的原因。

五、班級團體輔導的特色

由於班級是學校這個大系統中，最有意義的社會單位，把班級當作一個小系統，在實施班級團體輔導時，依蕭文（民83）之見，具有下列各項特色：

㈠經濟

以班級團體輔導方式來推展輔導工作，可節省輔導人員時間；同一時間可與較多學生接觸，可收全面性、普遍性的經濟效益。

㈡適切

人是群性的，個人許多重要的學習經驗必須在團體中進行才切合實際，班級團輔導活動，供學生實際生活的機會，促使學生直接經驗與人相處之道，增進人際關係之互動，以建立建全的自我概念，達到社會化的目的。

㈢多重回饋

團體在領導者的協助下，不同成長背景的成員可從不同

角度，提供多層面的反應或回饋，此種回饋更因同儕團體的特性而顯現特殊意義，因為個人處於同儕團體中，較易獲得認同感，在彼此相互支持與激勵下，更能發揮輔導效果。

由此看來，班級中的學生透過互動，在眞實的小社會系統中學習，較能得到適切與多重回饋的效果，對學校輔導工作而言，經濟效益也較大。

六、班級團體輔導的功能

班級團體輔導是輔導工作的重要方法之一，具有時間經濟、情境適切與多重回饋諸多特色外，蕭文（民83）並指出班級團體所具的獨特功能如下：

㈠作為輔導工作推展的基礎

班級團體輔導不僅能使輔導教師發現須進一步輔導的學生，如能使學生了解可利用的輔導資源，有助於其他方面輔導工作的推展。

㈡增進學生認識共同的問題而加以因應

學生在發展過程中，有些共同的問題存在，團體輔導的方式，可以減少問題個別化的焦慮，透過班級團體經驗的分享歷程，促使學生獲得正確的觀念與正當的態度。

㈢使學生學習更有效的社會行為

在團體中可以透過成員間的互動，學習更加了解別人，接納別人，探索與他人的關係，為自己的行為負責任，以增進學生社會化。

㈣有益於正常學生

　　理想的教育輔導工作，不只是關切問題學生的輔導，尤應重視正常學生的輔導。班級團體輔導能給予學生資訊或指引，滿足學生發展上的種種需求，藉以減除共同問題，正是預防問題學生產生的最佳策略。

七、班級團體輔導的實施

　　班級團體輔導主題以全班學生即時感到迫切需要的，對學生未來發展有益的，或與個人心理健康有關的主題皆可。一般而言，班級團體輔導實施的向度可歸納爲下列五類：

㈠始業輔導

1.界定
　　包括認識校內外資源、認識課程、認識師長、瞭解學校規則與生活規範、幫助新生認識環境、適應新學校的生活。

2.示例
　　(1)參觀訪問
　　　　認識校園，分組進行指定處室，中心之訪問，回到班級報告，瞭解學校的服務措施與重要規範。
　　(2)認識大家庭
　　　　認識學校的歷史與特色，任教本班的老師、認識校友在社會上的表現，分享學校的過去、現在與未來。
　　(3)一脈相傳
　　　　三至五人一組，訪問本科系學長關於本校的特色、本科系的特色、該年級的學生生活重點等。

(二)自我發展

1.界定

協助學生自我探索與了解、自我認定、自我成長、以至於發展潛能、自我實現。

2.活動示例

(1)水晶球體

重點在自我探索，請學生設想在水晶球體中，看到什麼、想到什麼、想了解什麼。

(2)自成盾牌

配合自我探索的重點，或圖或文來表露自己的個性，個人生命的發展，或情緒的喜怒哀樂。

(3)我是誰

請同學兩兩一組，互問對方「你是誰」，或是發下白紙寫下「我是……」十句，協助學生察覺在心理、社會、理想等方面的自我特質。

(4)長者對話

在內心當中，彷彿有位尊敬的長者，與其共同探索自己行為矛盾之處，或個人可獲得成功的資源，藉此內省促發個人自我成長、自我超越的動機。

(三)人際關係

1.界定

在團體互動過程中，學習了解、肯定、接納自己與他人，學習人際溝通技巧，使學生建立良好的人際關係。

2.活動示例

(1)讚美花語

成員彼此給一句讚美的話，也可以應用變化為說出或寫出別人的優點，例如「優點大轟炸」、「好處一籮筐」。

(2)小天使與守護神

　　班級成員學習照顧關懷別人，同時建立班級溫暖的氣
　　氛。全班抽籤當別人的守護神，在遊戲期間以保密的
　　方式來關懷別人。

(3)瞎子走路

　　兩兩一組，感受領導與被領導、信任與照顧的傳達。

(4)自我肯定

　　練習積極傾聽，清楚表達個人的期望，堅定拒絕不合
　　理的要求協助學生自尊自重的發展。

(四)學習輔導

1.界定

　　增進學生學習策略與技巧，減少考試焦慮，增進考試技
巧，減少學習困難與挫折，使學生快樂、有效地學習。

2.活動示例

(1)學習困難現形記

　　進行學習困難調查，學業成就歸因問卷，或是學習與
　　讀書策略量表，協助學生了解在學習上所面臨的困難
　　問題，並分組討論因應策略增進之道。

(2)學科破解術

　　請班級成員依該學期所學科目分組，以增進對學科老
　　師的溝通，並具體了解各學科學習的特色與困難的解
　　決。

(五)生涯規劃

1.界定

　　協助學生了解自己的性向與興趣，建立學習與生活的目
標，探索自我與生涯的關聯，認識有關的工作與職業資料，
形成個人未來的生涯發展計劃。

2.活動示例

(1)生涯線段

用一條線表示個人人生全程，協助學生覺察此時所處之階段，並預想未來可能的階段發展。

(2)生命花朵

從十歲至一百歲每個階段，以腦力激盪的方式，討論以花朵來命之理由及其重要發展階段。

(3)成功認同

在古今中外的知名人物中最喜歡誰，並分享討論喜歡的原因，此人一生曾遭遇的困難，如何克服及對本身的啟示。

(4)價值澄清

討論生命中或此時此刻本身扮演那些角色，有些可以丟棄，選一個最重要的角色。

(5)資源探索

以腦力激盪的方式探索自己有那些資源可以協助自己成功。

　　班級團體輔導的實施方式與內容相當有彈性，教師可於每學期初邀請班上同學共同討論主題、進行方式以及預期結果。常見的班級團體輔導活動方式，例如團體討論、創意思考、聯想活動、辯論活動、機智問答、角色扮演、身體活動、回饋活動、比擬活動及主席排等（陳美芳、廖鳳池，民82）。共同討論與決定，不但符合民主教育的功能，同持由於學生自行的參與及設計，其實踐的效果更能發揮（蕭文，民83）。

八、進行班級團體輔導的原則

班級團體輔導具有上述各項特色與功能，實施內容亦以學生各項發展上之需要為主。但是在實際進行中，亦須注意若干原則，以免妨礙輔導目標之達成，或產生其他問題或傷害。

(一)教師的態度要尊重真誠

團體中的學生資質不一，教師以尊重真誠的態度待之，可降低學生的防衛心理或應付敷衍心理，促動其內發力。

(二)建立良好的關係

教師善用同理心為基礎，催化團體的成員進行若干程度的心理接觸，增長團體的動力。

(三)隨機逗教

有時配合課程進行，或是學生當下發生的重要事項，隨機引發並進行合適的團體輔導主題。

(四)無批判的學習環境

學生在毋庸擔心其反應會受到批判與質疑時，真實的言語和反應自然會流露出來，較能幫助學生看到真實的自己，進而探索如何發展自己。

(五)善用鼓勵與幽默

所謂「良言一句三多暖」，適時的鼓勵，可以協助學生看到自己在過程中的努力，培養學生的內控和自主性。有時要幽默的處理若干困擾或衝突現象，可以增進彼此的會心與

領悟。

九、班級團體輔導計畫實例

㈠國民中學班級團體輔導計畫

向度 主題 年級	一年級	二年級	三年級
環境互動	認識校內外資源	參與校園服務	社團與社區服務
自我發展	自我探索與了解	自我成長	成熟的自我認同
人際關係	如何成為受歡迎的人	異性交友	自我肯定
學習輔導	學習策略與技巧	學習診斷	升學輔導
生涯規劃	我的未來不是夢	自我與生涯之探索	工作與職業世界

（蕭文，民84）

學期 年級／主題	上　　學　　期	下　　學　　期
一 年 級	1. 請到團體來 2. 遊戲規則 3. 認識我們的大家庭 4. 自我認定 5. 自我肯定 6. 面對新的學習里程 7. 團體紀律與規範 8. 人際需求 9. 宜寧人的感情世界 10. 職業就是工作嗎 11. 家人與我 12. IQ知多少	1. 敞開你的…… 2. 人的合群天性 3. 自我狀態與溝通 4. 真我與假我 5. 蛻變——努力與成長 6. 基氏人格測驗 7. 克服學習固執 8. 開發你的創造力 9. 我與家人 10. 變化的情緒 11. 不要工作的生活會更好嗎 12. 選組輔導
二 年 級	1. 我的家庭 2. 師生關係的開始 3. 愛情是什麼 4. 學習停看聽 5. 溝通的藝術 6. 角色認定 7. 班級氣氛 8. 壓力與適應 9. 角色與價值澄清 10. 認識心理疾病 11. 面對工作	1. 休閒活動——談電視與生活 2. 角色認同 3. 偶像崇拜 4. 錯誤的腳步——談青少年犯罪問題 5. 做個勇敢的人 6. 責任感就是…… 7. 第六倫 8. 談公德 9. 由爭上公車説起 10. 異性交往 11. 認識職業世界 12. 未來的教育
三 年 級	1. 談升學與就業 2. 談高職學生的升學管道 3. 職業世界的探索 4. 整裝待發 5. 人格特質與職業的關係 6. 工作價值知多少 7. 我能做什麼 8. 性向的奧秘 9. 興趣面面觀 10. 他人對我選職業的影響 11. 嚮往	1. 謀職技巧 2. 就業陷阱 3. 面對工作 4. 全力以赴 5. 腳踏實地 6. 快樂的影響 7. 如何與同事相處 8. 突破困境 9. 美滿婚姻 10. 興趣面面觀 11. 理想與現實的調和

215

（宜寧高級中學，民80）

㈢五年制專科學校班級團體輔導計畫

年　　級	一年級	二年級	三年級	四年級	五年級
主 題	課程介紹 環境適應 讀書方法 自我定位 認識社團 營養健康 感恩情懷	讀書樂趣 社團參與 價值澄清 友誼培養 營養健康 感恩情懷	載業學習 社團參與 價值澄清 社會興趣 兩性關係 感恩情懷	進修計劃 社團休閒 價值澄清 社會興趣 兩性關係 感恩情懷	就業輔導 進修講座 校友薪傳 休閒品質 社會辨認 認識婚姻 感恩情懷

（教育部訓委會，台北工專導師輔導學生工作計劃細則）

㈣大學班級團體輔導計畫

學期＼年級＼主題	一年級	二年級	三年級	四年級
自我發展	自我探索與了解	自我確認	自我成長	達成圓滿自我認同
人際關係	1.建立校園人際關係 2.學習處理獨立與依賴問題	異性交友輔導	親密關係輔導	社會新鮮人學習
環境互動	認識校內外資源	參與校園服務	1.擴大校園服務 2.嘗試社團服務	社區服務與生涯發展整合
學習與學術發展	1.認識課程 2.建立學習目標 3.增進學習策略與技巧	1.擴大選保領域 2.試探專業方向 3.增進考試技巧	1.確立專業重點 2.壓力管理	1.精熟專業重點 2.準備各種進路考試
社團活動	認識與選擇社團	參與社團活動發現個人潛能與性向	參與社團活動發現個人潛能與性向	統整專業課程與潛藏課程學習經驗
生涯規劃	建立四年大學生活目標	探索自我與生涯關聯	認識有關的工作與職業資料	1.形成個人未來生涯計劃 2.就業 3.升學輔導

（教育部訓委會，國立彰化師範大學導師時間及班級活動實施細則）

217

十、結語

　　因應全面性輔導的需要，各級學校的輔導工作，日益重視發展性與預防性的輔導服務，隨著教師輔導知能研習的推廣，班級團體輔導亦逐漸受到重視。班級團體輔導是團體輔導服務的型態之一，運用班級的特性，為班上學生提供發展性的服務，以及協助學生心理需求的滿足，以期達成輔導之鵠的。

　　要言之，班級團體輔導之實施，是由教師與學生共同設計、進行與參與，是一種充份運用團體動力的助人歷程，而非一門學科教學，特別是讓班級師生具有活潑、富創意與人性的發揮空間。

▶參考書目

吳武典、金樹人等（民82）：班級輔導活動設計指引。台北：張老師出版社。

李園會（民81）：班級經營。台北：五南圖書出版公司。

陳美芳、廖鳳池（民82）：班級輔院活動方式。吳武典、金樹人等著：班級輔導活動設計指引。台北：張老師出版社。

張雪梅（民　　）：班級輔導活動時間的運用。教育部訓育委員會編印：教育部大專院校導師輔導知能研習資料。

單文經（民83）：班級經策略研究。台北：師大書苑。

賴保禎（民82）：輔導原理與實施。台北：空中大學。

蕭文（民83）：輔導的概念與應用。葉學志主編：教育概論。台北：正中書局。

教育部訓育委員會編印：教育部大專院校導師輔導知能研習
　　資料。
宜寧高級中學（民80）：班級團體輔導。

Rogers, C. R. （1969）. *Freedom: to learn.* Columbus,
　　Ohio： Charler E. Merrill.

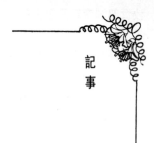

記事

個案研討

許瑛珆
周玉真

一、前言

一般而言，輔導工作不僅是一種個別性的助人工作（individual work），亦是團隊性的工作（team work），藉由團隊的力量，為輔導工作提供建議、督導或示範等協助。在各種形式的團隊性工作中，個案研討最被廣泛使用，常見於各級學校、一般輔導機構（如張老師、生命線、協談中心、家服中心）或輔導人員的訓練課程中，而有些縣市教育局甚至明令各中小學每學年均須舉辦個案研討會，以提供鄰近學校相互觀摩、學習的機會。是以，個案研討除了學術上的價值及教育上的功用外，在輔導工作推廣的過程中亦扮演著重要的角色。然而令人遺憾的是，個案研討在普及化的過程中卻產生了被濫用及被誤用的現象：輔導人員為了應付考核、評鑑而召開個案研討，以取得資料存檔；個案研討成為例行的工作，雖無召開的需要，卻不得不做做樣子，敷衍了事；偽造成功的個案報告，藉而掩飾輔導過程的缺失或輔導員專業知識的不足，以博得與會人士的讚賞或避免負面評價的產生；個案研討成了「說故事大會」，只見輔導員滔滔不絕敍述當事人的歷史與輔導的經過，或變成「鬥爭大會」，不同立場之與會人士相互批評對方處理失當而造成今日輔導的難題，相互推諉責任。凡以上種種謬誤，皆可能是「個案研討愈普遍，愈不受輔導人員歡迎」的原因。有鑒於此，本單元將著力於個案研討的介紹，期使輔導實務工作者對個案研討能形成清楚正確的觀念，並能依此舉辦專業化的個案研討。

二、個案研討的內涵

個案研討，簡而言之就是召集一群人，針對某一個案加以研究討論。然而在此過程中卻牽涉到下列問題：為什麼要召開個案研討？什麼樣的個案才適合做個案研討？要邀請那些人參與個案研討？如何準備個案報告？個案研討就像開會一樣嗎？上述問題點出了個案研討的內涵，以下將從個案研討的目的與功能、個案的選取、參與人員的邀請、個案報告的準備及個案研討進行的程序等五部分介紹個案研討。

三、個案研討的目的與功能

召開個案研討必先決定此次個案研討的目的，不同的目的將會影響後續工作，如個案的選取或與會人士的決定。一般常見的錯誤是「為了召開個案研討而召開個案研討」，而忽略了個案研討實質上的意義與價值，因此不得不強調：個案研討乃當因不同的需要而召開，有其目的性。

整體而言，個案研討的主要目的有以下四點：

1. 蒐集訊息，集思廣義，以協助鑑別當事人的問題或解決輔導過程中遭遇的難題。
2. 確定輔導員之輔導方向及分析診斷的正確性，以協助擬定或修正輔導策略。
3. 示範個案輔導之診斷及處遇技術，有助於類似案例的輔導。
4. 提供學習、討論的機會，以提升新進輔導人員或實習學生的專業能力。

223

基於上述目的，個案研討發揮了支援、示範及督導的功能。藉由參與人員的意見交換，輔導員可蒐集更廣泛且深入的資料，以訂定更確實有效的接續計畫；而且在相互討論的過程中，可避免或減少輔導員主觀性的判斷，有助於提高輔導員本身或參與人員的專業知能及素養。

四、個案的選取

一般而言，最常在個案研討中提出討論的是輔導員感到棘手難纏的個案，此類個案亦多半是未結案的。至於個案的問題類型倒無一定的限制，端視輔導員個人的經驗或需要而定，不論是一般問題類型，如學業成績欠佳、行為怪異、情緒不穩等，或特殊問題類型，如同性戀、吸食藥物、人格異常、表現反社會行為或虞犯行為、資賦優異等，皆可於個案研討中提出個案報告。若為示範目的而舉辦個案研討，多半選擇已結案的個案，以提供一完整的輔導模式。

五、參與人員的邀請

輔導人員通常是個案研討的基本成員，此外根據個案研討的目的及對各種功能角色的需求，可再考慮邀請校內（機構內）或校外（機構外）人士參與。再次提醒的是，參與人員的考量是邀請對個案問題解決有助益者，而不是邀請一些與當事人有關或處理過當事人問題的人，請其為當事人的問題負起責任，而使得個案研討成為「鬥爭大會」。通常舉辦個案研討可考慮邀請下列人士：

(一)個案研討的基本成員

通常是輔導人員，如輔導室（中心）主任、輔導組長、輔導老師或兼任輔導老師等。其主要功能是負責個案研討之籌備工作與各項召開事宜，準備個案報告，並提供諮詢的服務。

(二)校內（機構內）有關人士

通常是行政人員及與當事人有關人員。此類人士較常被邀請參與個案研討，因其角色與當事人的生活產生較多的互動，亦產生較大的影響。

1.行政人員

如校長、各處室主任、訓導人員（教官）或機構執行長等，他們可從行政的立場與角度提供多方的訊息，必要時並可提供行政上的支援。

2.有關人員

如導師、任課老師、醫護人員或義工等，藉由此類人員與當事人較多的互動，可能較了解當事人的問題，可提供重要、深入的資訊、意見與建議。

(三)校外（機構外）資源人士

可能是輔導專家學者或相關機構人士，此類人士不一定須參與個案研討，通常視當事人的問題或需要而定。

1.輔導專家學者

如心理諮商師、心理學家、精神科醫生等，可就當事人問題提供專業知識，及建議具體可行的問題解決策略。

2.相關機構人士

如法律專家、醫學專家、社工人員等，可就其專業領域及服務範圍內提供必要的建議與協助。

以本單元錄影帶之個案為例：案例中之當事人為在學學生，其主要問題是學校的課業及人際關係問題，是以輔導室舉行個案研討時亦邀請教務處及訓導處人員參加，以提供諮詢或給予行政上的支援。又導師與學生是第一線的接觸，有較多的觀察或了解，因此亦邀請導師參加，一方面可提供訊息，另一方面可配合輔導當事人。本案例裡亦可視當時的需要，邀請當事人特別喜歡、或特別容易起衝突之任課老師參加個案研討。甚至，在某部分的處理陷入膠著狀態時，可邀請心理諮商師參加，共同會診並提供必要的協助。

此外，以討論受性虐待之個案的個案研討為例：由於此個案牽涉到的問題層面較廣泛且較複雜，是以輔導人員可考慮邀請受管轄之派出所警員或鄰近醫院的醫生或社會局、醫院之社工人員與會，藉由他們的協助，輔導人員可對問題作全面性了解與評估，並擬定合宜的輔導目標及策略，必要時並可與與會之專業人士形成輔導工作網。

六、個案報告的準備

個案研討中書面資料的準備是很重要的一環，有助於與會人士對案情形成清楚的概念，以利討論的進行，且對輔導員而言，統整分析資料的過程可增加對當事人更深入的了解或對諮商過程有更深一層的領悟。

通常個案報告並無一定的格式，多依據輔導員的需要及喜好而呈現。然而整體而言，一份完善的個案報告須包含下列內容（參見附錄一）：

㈠當事人的背景資料

包括當事人的：⑴基本資料（如匿名或假名、年齡、教育程度、婚姻狀況、職業狀況、自動求助或轉介而來等）；

⑵家庭背景（如家庭結構、組成分子之教育程度及社經地位、家庭史中影響當事人之重要事件、當事人與家人互動情形等）；⑶社會背景（如當事人的人際關係、參與社團之活動情形、與親人鄰居交往狀況等）；及⑷輔導記錄（如個別輔導記錄、心理測驗資料等）；⑸若當事人為在學學生，則應有其學校記錄（如成績表現、學習能力、與同學相處情形、與老師的關係等）。

(二)輔導員在輔導過程中的觀察及其與當事人建立之輔導關係

輔導員在此部分仔細描述輔導員對當事人外在打扮、口語行為及非語言行為的觀察，以及輔導員藉由彼此關係建立的方式覺察到當事人如何建立「人—我關係」及人際互動模式。

(三)當事人的主要問題

包括當事人問題的主要癥結、嚴重程度、發生的頻率、造成原因、當事人與其週遭的人對問題的看法與態度以及曾做過那些努力等。

(四)輔導員的分析與診斷

根據上述資料，輔導員藉由分析表（參見附錄二）對當事人問題的來龍去脈加以分析、解釋，並提出假設性的診斷。

(五)輔導目標與策略

根據分析與診斷，輔導員（與當事人）訂定的一個或數個輔導目標。輔導員並依目標選擇合適的輔導策略，擬定明確可行的輔導步驟。

㈥輔導結果與推論

輔導員對當事人接受輔導後的狀況做一詳細說明，並對未來輔導結果做一預斷。

㈦結論與建議

輔導員對整個接案過程做一摘要與結論，並對接續計畫或類似案例的輔導提出個人的建議。

七、個案研討會進行的程序

個案研討會是個案研討過程中最重要的一環，可使個案研討發揮功用，其進行的程序如下：

㈠主席報告

通常由（輔導）主任擔任，負責引導研討會朝預期目標進行。會中，主席簡短地向與會人士報告此次個案研討的目的、進行的程序及介紹提案者和參與人員彼此認識。

㈡提案者呈現個案報告

提案者就書面報告之重點發表扼要明白的口頭報告，旨在幫助與會人士了解案情或補充書面報告中疏漏之處。提案者報告時間不宜超過整個個案研討時間之三分之一，切忌以每次之輔導經過或當事人歷史為主要內容作冗長之報告。

㈢進行討論

與會人士從不同的角度或立場，針對當事人的問題、輔導員的診斷與處遇方法提出個人的觀察或見解；而諮詢人士亦可在某些議題混淆不清或有所誤解時，予以澄清或說明，

或就其專業角度提供建議。藉由提案者與與會人士的相互討論，可激盪出具體的輔導目標或問題解決策略。

㈣提案者結論

提案者就與會人士之意見與建議作一統整與摘要，並簡要報告未來可能採取之方向或策略。

㈤主席結論

主席對整個研討會做簡要的結論，回收書面資料並強調保密原則。最後則感謝所有與會人士的參與，並宣佈散會。

以本單元錄影帶呈現之個案研討會為例，主席首先報告本次個案研討之目的在於蒐集訊息，確定輔導方向與輔導策略之正確性，並期能藉相互討論與學習而提升專業水準。之後，主席介紹提案人及所有與會人士。

接著主席宣佈進行的程序是由提案人（吳老師）先進行簡要之口頭報告，然後請其他與會人員就報告內容提出疑問或看法。在提案人報告結束後，與會人士則自由參與討論：如導師（郭老師）或任課老師可補充資料不足處（如上課的觀察或週記、作文的內容或家庭訪問的結果……），教務處人員（周組長）提供有關資訊（如休學、復學問題、補救教學方法、升學資源……），訓導處人員（王組長）就生活層面提供訊息（如本校學生的特殊性、學生來源區之地域性、學生學校生活或校外打工常見的問題……），其他輔導老師（林老師、謝老師）或資源人士就輔導過程、分析診斷或輔導策略提供建議（如當事人之母的管教方式、當事人的自我概念對她的影響、或建議當事人參加合適的團體）。當然，所有與會人員皆可能經由討論而有所頓悟，因而改變對當事人的看法或提供嘗試性的輔導方法，期能協助當事人。

當所有與會人員充分討論後或時間已到，提案人將與會

人士之意見與建議作一統整與摘要，並簡要報告未來可能採取之方向或策略。最後主席針對此次研討會作一簡要的結論，並感謝所有與會人士的參與。在回收書面資料及強調保密原則後，裁決散會。

八、結語

總而言之，個案研討是針對某一當事人的問題，集合若干有助於解決當事人問題的人士，以協助輔導工作的進行，或提供諮詢與建議。本單元嘗試從專業的角度，提供個案研討正確的典範，並指出目前輔導界在個案研討使用之謬誤，期使實務工作者能有個參考的依據。

附錄一　個案報告

姓名：明美（假名）
性別：女
年齡：18歲，目前為高二學生，復學生

㈠當事人背景與主要問題

1.家庭背景

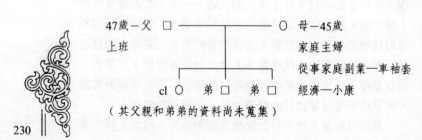

47歲－父　□ ─────────── ○　母－45歲
上班　　　　　　　　　　　　　家庭主婦
　　　　　　　　　　　　　　　從事家庭副業─車袖套
cl ○　弟 □　弟 □　　　　　經濟─小康
（其父親和弟弟的資料尚未蒐集）

(1)母親每天騎機車送她上下學，所以和同學在課外互動相處的時間有限，除了有時到補習班上課外，cl 的生活範圍就侷限於家庭和學校之間，不清楚其他同學的生活狀況。cl曾表示其實她很想跟母親說她要自己上學，可是又好像已經習慣了……。

(2)cl 談到其母親的生活相當規律，也會督促他們在什麼時候該做什麼事，例如：回到家就要去洗澡、叫吃飯……，對於母親的嘮叨，cl 會東摸摸西摸摸拖延時間；對於母親認為女孩子應該做什麼事的論點相當反感，也會因此和母親頂嘴，久而久之，母親也不再叫她做家事了。

2.學校狀況

(1)先前唸自然組的時候，在生物理化方面的成績皆不理想，由於要被留級而休學，其依老師的建議復學後改唸社會組，但是歷史地理對其而言亦是一個困擾。在第一次晤談時，cl 談其以後想當記者，而且一定要唸台北的學校，希望 co 能幫她找有關的資料。

(2)從其家庭生活與家人互動的情形也發現，家人也不會督促她去唸書，常常一家人一起看電視看得很晚。cl 目前在星期假日會去上補習班，但 cl 不認為這是有效的方式。

3.人際關係

(1)國中時候因看不慣別人太注重功課，朋友都是成績較差的同學。聯考之後，那群朋友有人考上高職有人沒考上，因只有自己考上本校而被視為叛徒，彼此不再連絡；至於那些成績好的同學，以前就沒什麼來往，舉辦國中同學會時不敢去，cl 頗感慨這不像同班三年的情誼。

(2)高二上（唸自然組）因成績不好而休學，期間曾在外打工二個月，其描述剛開始時自己會有那種男孩子應

該怎樣、女孩子就該有女孩子樣子的想法，不該和男孩子嘻笑怒罵，看不慣有些女孩子不正經的樣子。據cl自陳，其於後來就降低自己的格調和大夥一起嘻笑，但卻不喜歡自己這樣的改變，後來有位同事告訴她說本校的人好像都很傲的樣子，才試著慢慢調整自己；由這個經驗其也發現自己很傲，且害怕、不曉得該如何拓展自己的人際關係。

(3)復學後改唸社會組，開始時不太能融入新班級，其覺得那些成績好的同學對她不屑一顧，而cl也很輕視她們，班上只有一、二位可以談得來的朋友；至於以前的同學，因為她們要考聯考了，較少與她們連繫。

4.自我認識

(1)cl認為自己是個典型的雙魚座的人——浪漫、虛幻、愛幻想、快樂至上、不太實際、憂鬱……，亦表示很喜歡自己是個雙魚座。

(2)cl覺得自己是一個很有思想、很有自我的人，不像一般的同學只會唸書，看不起班上那些只會唸書的同學。

(3)cl覺得自己是個很會關心別人的人，雖然有時候對別人的關心會被拒絕；而當自己需要別人關心的時候，同學並不會主動來關心她，cl認為別人很不敏感，覺得如果由於年紀和外表而被期待會自己解決問題是很不公平的。

(4)cl從朋友的回饋瞭解到自己是個個性很極端的人，儘管表面上很活潑，但不熟的人會覺得她很安靜，熟的人會覺得她很孤僻。

5.輔導記錄

(1)cl於今年十月中旬自動求助輔導室，已晤談四次，目前仍在持續晤談中。

(2)cl於求助當時表現出很想改變目前問題的動機。

(3) cl 求助時是想談有關課業方面的問題，cl 從自然組
轉到社會組，在歷史、地理等文科科目有學習方面的
困擾。第二次 cl 表示想談有關其班上人際關係的問
題，cl 覺得因為自己的功課不好而被許多同學排斥；
從其休學時的打工經驗，cl 覺得自己和別人的觀念差
很多，擔心畢業之後無法拓展良好的人際關係。

(二)諮商觀察／關係

cl 的外表高壯，有點胖，戴黑框眼鏡，皮膚黝黑，臉上
有青春痘的疤痕。在晤談過程中，cl 表現得很健談，講起話
來理直氣壯，但走路及行動緩慢。

或許因為 cl 善言之故，常滔滔不絕的講她的想法與意
見，co 初時的傾聽與同理似乎也給了 cl 很大的支持；co 和
cl 的關係建立頗為良好。

(三)分析與診斷

由上述之問題背景，可將當事人問題做如下之分析：

1.我好，你不好的心理地位

從 cl 的言談中也不難發現其高傲的口氣，由於對自己
的認識膠著於星座上的概念，認定自己就是這樣的一個人，
從自我出發，認為學校的那種保守、刻板的校風與自己那種
不喜被拘束的性格不符；認為媽媽對男女性別的刻板印象很
落伍，即使 cl 自己也有這樣的刻板印象；覺得別人不夠敏
銳，無法體察她的需要。究其原因，可能與自我概念的不確
切及家庭經驗有關。

2.自卑

課業方面的失敗，再加上休學一年之故，cl 有自卑的心
理，但是卻相反地以「我好，你不好」的方式來責怪別人、
看不起別人，塑造出自大、孤獨的自己，其他一直以看不起
只會唸書的人及自己並不看重成績來迴避 co 問其有關課業

方面的問題。且從其對未來的期望——認為因升學學校自可考上大學，而且一定要念公立、台北的學校，可瞭解其在自我概念上認識不清，給人眼高手低的感覺。

3.缺乏人際技巧

cl 希望別人能主動來關心她，其也提過自己是個需要很多愛的人，但從澄清的過程發現 cl 會主動去關心別人，但是在一下子被拒絕之後就退縮，有時會因此難過、憂鬱起來。cl 會因國中和打工時候的經驗而擔心自己考上大學上了台北之後，會更適應不良，無法拓展人際關係。

(四)諮商目標

1.協助 cl 探索自我，建立正確的自我概念。
2.澄清 cl 與同學互動的情形，使其瞭解自己不被同學接納的原因。
3.協助 cl 發展人際溝通能力。

(五)諮商策略

1.同理及接納 cl 國中時的不好經驗，及被同學排斥的心情。
2.對其認為自己要考新聞系當記者及出國唸書的期望，讓 cl 以想像的方式讓其瞭解要一分收穫必得一分耕耘，其也表示自己將計劃訂得太遠了。於過程中 co 會問 cl 課業方面的狀況，其表示曾參加學校舉辦的學習團體，也瞭解自己是缺乏讀書計畫和讀書方法，但由於時間及 cl 意願的關係，沒有針對這個問題來談。
3.引導 cl 探討對自己的看法，認識自己的優點和長處，以增加 cl 的自信心。
4.模擬 cl 所說的情境以角色扮演的方式，(1)由 co 扮演 cl，cl 扮演其同學及(2)co 扮演其同學，具體澄清 cl 與其同學互動的情形，於此之中 cl 也瞭解到自己對同學

的關心抱著妳有事就該講的心態，所以對同學的拒絕會難過；而對同學對她的關心，會因不信任別人能瞭解她（她覺得雙魚座是很極端而且別人不易瞭解的人），而告訴別人說沒什麼啦！

5.基於 cl 瞭解到自己與同學互動時的矛盾情形，可配合溝通分析的方法，使 cl 瞭解自己與別人的溝通模式，學會分辨不同的自我狀態，以進一步教其正確的人際技巧及與他人溝通的方式。

附錄二　個案問題分析表

	問題與分析	處 理 策 略	執　　　　行	結　　　　果
行 為				
情 緒				
自 我 認 知				

➡参考書目

劉焜輝（民79）：個案研究——理論與實務。台北：天馬出版社。

蕭文（民81）：個案輔導的實施。國立台灣師範大學學生輔導中心編：大專院校學生常見問題及輔導實例。台北：天馬出版社。

蕭文（民79）：都是你們害的！——一個生命挫敗的個案。學生輔導通訊，6，41-44。

台灣地區家庭教育中心（民82）：個案實務專業研討會簡介及行政流程。個案實務專業彙編。

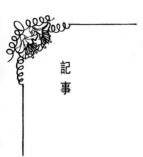

記事

18

自我督導模式的應用

張英熙

一、前言

督導對提昇諮商員專業的效能扮演著關鍵性的角色（蕭文、施香如，民84）。國內諮商服務需求日增，為培育諮商輔導人員，學校心理輔導與教育相關科系，以及社會輔導機構均廣設諮商理論與實習課程。一批批結訓後服務的輔導人員走入學校與社會，協助別人解決問題。而當這群輔導人員在專業上遇到難題時該如何解決？又如何才能保證諮商服務的品質與水準？諮商專業督導的功能就在幫助的諮商員解決專業上的難題、統整所學以提高諮商效能。本文將介紹督導的功能、諮商員專業成長的階段以及實施督導的步驟與方法。

二、督導與諮商員專業成長

由於諮商工作不僅要通曉（to know）諮商理論，還得要能正確地作出（to do）反應，從言行態度中表現出諮商的技術，更重要的是在會談的過程中諮商能員是（to be）以真誠的態度，表裡一致地面對當事人，如此才能發揮助人的效能。因為諮商工作中諮商員的認知（概念）、行為（技術）與人格特質三方面同時影響當事人，所以諮商員的養成教育中不能只傳授理論知識，還需要實地操演。除了知道和做到外，諮商員還要將所知所作與自己的經驗和特質作一統整。因此諮商員的訓練計劃中，學生可以由課堂學習理論，在實習中練習技術使用，至於能否發現盲點、突破瓶頸、更上一層樓，這般統整的工夫就得靠督導的協助了。人生大多數的學習中，我們都相信練習與反覆操作就會有進步。而研

究指出，沒有督導的諮商經驗並不會帶來專業上成長（吳秀碧，民81）。研究發現有多年諮商實務經驗的諮商員，其諮商能力卻可能與一位大學剛畢業的新手相差無幾。這類專業成長停滯的最大關鍵，就是未能從經驗中發現錯誤，並即時地修正。對於一個不滿現況，希盼能在專業上成長的諮商員而言，接受督導是必要的。因為在督導時不僅可以發現諮商員會談時的盲點並予校正，還可以擴充專業概念。

簡要地說，督導者的角色可分為幾種：一是教師角色，在諮商員有所不足的時候，要教導、示範、協助諮商員正確的使用諮商技術或加強某些理論概念，在諮商員有良好表現時給予鼓勵。二是諮商員的角色，當諮商員有接案後有強烈的情緒反應時，督導者要如諮商員般同理接納，協助諮商員處理困擾。當督導者發現諮商員因個人的特質或明顯的未竟之事而影響諮商效果時，督導者應適時地讓諮商員知道。如果該項問題可以用督導時間得到重要的改變，督導者可以在諮商員預備好的情況下進行短暫的諮商，否則應予轉介，鼓勵諮商員尋求督導外的個別或團體諮商。三是諮詢者的角色，這個角色強調提供與諮商相關的資訊，如轉介的機構與規定、法律條款或專業活動、訓練機會等。

三、自我督導與同輩督導的需要

諮商督導的實施可分為二部分，一是在校實習的階段，二是在職進修的階段。由於學校屬教育訓練機構，有較多的專業資源，學習者在校階段可以在課堂上充實理論知識，在諮商實習中獲得實作與校正的經驗。然而目前諮商輔導相關科系師生比例懸殊，授課時數有限，一般而言準諮商員無法在學校期間獲得充分的一對一督導經驗，充其量只能在課堂上得到老師或同學之間的回饋。因為諮商員需要在充分的回

饋中，漸漸地建立自知與自信，較理想的訓練課程規劃中，學習者應該可以得到多次一對一的督導經驗。專業的諮商督導不僅是受訓時的準諮商員需要，對於在職者也同樣的需要。比起在校的準諮商員，在職者可以得到的專業意見及討論機會就更少了。但相對的，在職者必須服務更多的求助者，面對的挑戰是更大且更難的，遠超過學生實習的階段。因此在職者對於專業督導的需求也就更大了。爲維持諮商服務的水準，美國碩士級私人執業的諮商員，會自聘督導，接受博士級的專業督導。當諮商過程遇問題時，他們可以由督導中得到專業上的支援。目前訓委會於中等學校所推展輔導團，也有相似的精神，都是因應這種現實的需要而來。事實上不論是國內或國外（張幸良，民83；Donnelly & Clasr, 1992），在各級學校輔導工作督導重點在於評鑑或行政上的支援與協助，輔導教師能得到的諮商專業督導的機會，因爲編制、經費與地緣的關係，有明顯不足的情況發生。以同事間進行的同輩督導或是自我評量式的自我督導是十分可行的取代方法。然而並不是經驗老道的諮商員就可以作一個優秀的督導者。督導與諮商是不同的，諮商專業的督導者必需了解督導的原則才能發揮督導的功能以協助諮商員。

本文及影片中所介紹的督導原則與方法，就是要讓諮商工作者可以找到一個相互支持、彼此協助以提昇諮商能力的模式。在學校的實習課分組中，機構中輔導義工的督導，不論是一位資深的諮商員帶領，或由參與的成員一起分享督導的角色，本文的督導則皆可適用。必要時相同的思考方式也可由自我督導的方式應用之。

四、諮商員專業成長的階段與督導原則

諮商督導的工作就在於訓練諮商員發展專業的觀念與技

術，使諮商員能有效地執行助人的工作。要成為有效能的助人者，非一蹴可幾。從理論的學習到技術的操作，諮商員的成長是漸進的。從學校受訓成為精熟的諮商的過程，在學者Stolenberg（1981）觀點可以分四個階段，每一個階段各有特徵，不同的階段中的諮商員需要的督導內容與方式各異：

(一)依賴期

1.諮商員的特徵

諮商員經驗很少，對於自己的諮商的能力沒有自信心，很依賴督導員的指導、肯定與修正。當督導員為諮商員作技術的示範時，諮商員可以透過模倣的過程來學習。這一階段的諮商員常窮於思索自己的對話是否正確，在接案時小心翼翼，缺乏對自己的覺察能力，同時對當事人的覺察也頗為有限。

2.督導的策略

面對這階段的諮商員，督導者可以採用結構性較高的督導方式，在諮商員正確的反應上給予支持、鼓勵和肯定，以增加諮商員自信心。此外督導者也應指出諮商員於會談過程中明顯的錯誤行為，並與諮商員共同討論，必要時作示範。這階段中的督導者有較多的教師角色，透過督導員堅定的肯定與修正，諮商員將更有把握地進行諮商工作。

(二)依賴與自主的衝突期

1.諮商員的特徵

本階段中的諮商員努力地求獨立自主地進行助人工作，比第一階段的諮商員而言有較多的自信，也比較有自我覺察的能力。

2.督導的策略

本階段除了繼續支持諮商員已經作得好的部分外，也要指出並修正其錯誤。不同於第一階段的諮商員的是，這階段

242

中的諮商員有較多的自信，督導不必一味溫暖地支持，而可以更多理性的討論，增加諮商員對案主的判斷力與諮商員對自身的覺察力。

(三)條件依賴期

1.諮商員的特徵

這階段的諮商員已有較高的領悟能力，只有在自覺不足的情況下，諮商員才會有依賴的需求出現。諮商員的同理能力以及對諮商專業的認同程度較前二階段增加。

2.督導的策略

面對這一階段的諮商員，督導者可以用結構較低的方式進行督導，討論的時間要多於教導的時間。分享是這階段督導的重要內容，督導者應協助諮商員發現其專業成長上的困境，必要時以面質的方式使諮商員能夠達到更高層次的整合。

(四)精熟期

1.諮商員的特徵

諮商員的專業能力已至成熟，可以充分的覺察自己與他人，了解自己的優點與缺點，並且願意與別人互依支持。這個階段的諮商員可能由過去的督導經驗中，建立自我評量的方法與習慣。

2.督導的策略

由於諮商員在大部分的情境中都能充分地發揮諮商效能，督導與諮商員的關係近乎同事關係，以平等的方式來協助對方。

以上諮商員的發展階段，與相對的督導的策略的介紹，雖然是針對於專業的督導而提出，但對於採用同輩督導與自我督導的諮商員也有必要認識。第一是要認清自己專業發展

243

的階段，讀者可以自行評估個人專業成長是屬於那一階段，如此可以幫助自己確認需要，以訂立學習的目標。第二，若您可能組成同輩督導的團體，那麼您不僅要認識自己的發展的階段與需要，同時要了解其他員在專業上發展的階段與需要，以便採取合宜的方式進行督導。

五、督導的實施

㈠建立關係

惟有在心理安全的情況下，人們才能面對眞實的自我。被督導者能否在討論時認眞地反省自己的諮商工作，督導者與被督導者的關係就顯得十分重要了。影片中的討論的過程能夠很順利，就是因爲雙方已經有良好的學長學妹關係。在專業的督導關係中，建立良好的關係是不容忽視的步驟。因爲在督導的過程中，被督導者的心中不免會有被評價的焦慮感，這種焦慮的感受容易引發防衛的心理反應，而妨礙被督導者的自我覺察與學習。在同輩督導中也有相似的緊張關係存在，爲了消除這些緊張的情緒，我們尤其要避免批評，並且努力去創造一個同理、接納、肯定與支持的環境。

同輩的督導需要二人以上，如果在學校之中有二至三位的輔導老師，有意願定期或不定期地見面討論，以增進諮商服務的效能就可以進行同輩督導。如果校內僅有您一人具諮商輔導專業知識，則建議您主動地與鄰近學校的輔導老師連繫，交換工作心得，也談談彼此在專業上協助的可能性。

我們建議形成同輩督導團體的初期不要立即提出個案問題，不要馬上進入刻解決問題的工作階段。首先要作的乃是建立關係，了解對方工作的情形，以下的話題將會有助於你

們彼此間的了解：「工作中什麼事是感到最有成就的？」「

什麼事感到十分的挫折？」「最近學校有什麼狀況？」「輔導行政如何作？」「過去受過那一些訓練？」「對輔導工作的看法如何？」「喜歡什麼諮商學派？」「對輔導工作有什麼的理想？」這些話題不僅只為了建立關係，也在於了解對方的專業背景，以便擬出彼此同意的目標與進行方式。如此才可能彼此支持，進而建立情感上的安全感受，為正式督導的進行奠下基礎。建立關係所需用的時間，隨不同的人與見面的頻率而不同。

(二)督導的過程與內容

在接案之後，檢討接案的過程可以分為三個部分，正如影片中所示範的三步驟（蕭文、施香如，民84）：

1.檢視諮商員對案主的概念

督導者要了解案主情形、諮商員感受以及諮商員對當事人的看法。

首先，督導者要協助諮商員說出當事人所陳述的問題情境。督導者可以問：「請你簡短地介紹一下當事人是什麼樣的問題。」「可不可以用幾分鐘的時間說明當事人的情形？」讓諮商員簡要的說明當事人的情況，可以讓督導者速迅掌握情形，也能讓諮商員重新回顧。這部分的談話卻不需太長的時間，由於督導的時間十分寶貴，我們要儘量用在可以幫助諮商員增加效能的部分，過多地陳述細節可能使這部分的時間只發揮了說故事的功能。

其次，督導員可以把焦點放在諮商員接案後感受上，問諮商員：「接案後的感受如何？」「接這個案有什麼心情？」「這種感受是怎麼來的？」「除了這種感受以外，還有沒有其他的感受？」由於諮商員的會談經驗會以濃縮的方式存放在感受之中，因此探討感受可以給我們許多的線索來了解諮商員。由感受切入時，不僅可以協助諮商員更多地覺察自己的內在經驗，也可以讓督導者很快地了解諮商員對自己接

案的評價。如果諮商員有好的感受，督導者可以了解其好感受的來源，並給予鼓勵；如果諮商員有負面的感受，則應給予情感支持，並找出問題的癥結。在探討感受的最後，督導者可以問：「這種接案的感受對你接案的過程可能會有什麼影響？」由於諮商是人對人的工作，把感受與工作表現作一連結的思考，有時會幫助諮商員發現會談受阻的原因，不是來自當事人，而是來自於諮商員自己的想法或過去經驗。

接下來則詢問諮商員對當事人的看法與印象，問：「你對當事人有什麼主觀的看法？」「是什麼因素使你對他有這種看法？」「你會如何形容這位當事人？為什麼？」「當事人對自己的問題有何看法？」這些問題促使諮商員整理與當事人會談的經驗，從模糊的概念到明確，諮商員可以知道自己心中形成的案主形象如何可以成為諮商中的助力（如影片中所示，諮商員發現當事人有很強的生命力），或是阻力（如產生反情感轉移；諮商員覺得當事人很像過去生活中相處其他人，而使諮商員對當事人有種不當或不符現實的情緒反應）。相倣的，我們還可以進一步地問：「你所觀察到當事人的這種特質與他的問題會有什麼關係？」

2.檢視諮商員所使用的諮商策略與技術

在這個步驟中，督導者要與諮商員共同討論會談所使用的技術與策略，簡單的說，就是要問諮商員：「在會談中用過那一些諮商技術？」「為什麼用（即策略）？」「用了之後有什麼效果？」「這些效果是否有客觀的證據？」「所用的諮商技術是否足以達成諮商員預定的目的（協助當事人面對自己，解決問題）？」「使用這些技術時有沒有什麼困難或問題？」「除了已經用過的技術外，還有沒有其他的技術可以選擇？」

在這個步驟的討論中，督導者可以看出諮商員正處於發展的那一階段。第一階段的諮商員可能對於基本的技術，如初層次同理心、引導技術等，未能有足夠的信心。當初學的

諮商員可以正確作出反應時，督導應給予鼓勵，必要時督導應示範正確的方式。第二階段的諮商員則需要加強高層次的同理心，並加強其自我覺察。除了肯定諮商員已經作到的技術外，也可以探討那些諮商員想用而不會用技術。第三階段的諮商員則應注意立即性與面質的技術的使用，並且要多引導諮商員說明所使用的策略，帶領他進行自我評估。第四階段諮商員的諮商困境，督導應重視新的技術資訊的交換，與策略的重新評估。可以這麼說，從第一階段到第四階段，對諮商員的協助是由技術的點漸漸延伸至策略的面。

通常諮商員提出來討論的接案經驗在心裡都已有了一些的評估，督導除了要協助諮商員回顧自己所作之外，也可以適時地給予新的想法。尤其對於諮商員自己提出的困境，更值得督導下工夫和諮商員討論。在影片中督導與諮商員一同探討立即性的技術使用的困境，發現諮商員劃地自限的心理，因而突破會談僵局。諮商員可以了解問題的核心，同時也願意嘗試使用立即性的技術，不僅解決這次會談的問題，而且也增進諮商員諮商能力。

3.尋找當事人問題的心理學假設

諮商員對案主的了解，形成對當事人的概念，這概念則引發諮商員作假設，並依假設擬訂諮商策略，據策略撰定諮商的技術。這一連串的思考在會談的時間內，極忙碌地穿梭於諮商員的腦海中。有時諮商員的思考無法系統連貫，甚至有相互衝突的觀察與假設發生，而令諮商員在會談中失去方向，不知何去何從。在督導中問答之際諮商員可以將腦海中紊亂糾結的思緒，抽絲剝繭，重作考量。

督導者與諮商員先行討論較顯而易見的概念形成與技術策略的部分，最後轉向較不明顯卻更重要的心理學假設上。督導者與諮商員共同辨認出表面的與根源的問題以及問題的成因，並尋找有那些諮商心理學的理論可用以說明當事人的問題，重新看諮商員先前的診斷是否適當。督導者可以問：

「你認為當事人的問題有那些？」「當事人最大的問題在那裡？」「為什麼你這樣想？」「導致當事人問題的原因有那些？」「有沒有什麼理論可以支持你的觀點？」「該理論對心理問題的形成的原因有何假設？」「該理論對諮商處理的重點與方法有什麼原則？（張幸良，民83）」督導者由諮商員的敍述中可能形成不同的診斷，兩者的差異恰可供諮商員參考，以擴展諮商員的概念。

以上三個步驟可視為督導進行的次序。經過三步驟後，諮商員也許發展出新的診斷，那麼督導者就可以和諮商員繼續討論：「根據新的假設，我們應該採用什麼策略？」「什麼技術可配合所訂定的諮商策略？」「下次會談可以作什麼計劃？」諮商工作的省思可以在這三個步驟中循環來完成。

由上面的說明可以看出，督導者以開放式的問句引導諮商員回顧自己的接案經驗，督導者藉諮商員回想，了解其原先的觀點，並且檢視之，必要時則提出另種可能性，以擴展諮商員的思考空間。回答問題的同時，諮商員有一個很好的機會，重新看看自己原先所想的是否合宜，如此可以在經驗中成長。

六、督導與個案研討的不同

督導工作與本系列中個案研討會議是不同的。督導的重點在協助諮商員，增進其諮商能力（如觀察、診斷、選定諮商策略與技術等），而個案研討會議重點在以行政協調的方式收集更完整的當事人資料，以解決當事人的問題。由參與者來看，督導討論的是諮商過程的問題，應由諮商人員參與。而個案研究則採集思廣益的方法，可以由學校輔導室、學務處、導師、任課老師或其他相關的人員出席。

七、結語

　　國內輔導人員日增，強調督導工作的時代已經來臨。透過督導工作可以幫助諮商員發展更精熟的輔導能力，避免專業成長遲滯的現象發生。一位老練的諮商員不一定可以扮演一位優秀的督導者，本文提供一套督導的流程與方法，可應用於受訓實習階段與在職的諮商員，由一對一的方式，或者由二人以上的同輩團體的方式彼此進行督導。必要時同樣的原則也可適用於個人自我督導中。

➡參考書目

吳秀碧（民 81）：「Stoltenberg 的督導模式」在我國準諮商員諮商實習督導適用性之研究。輔導學報，*15*，43－113。

張幸良（民 83）：以自我檢核為基礎的自我督導模式：檢核諮商員對當事人的概念形成。國立彰化師範大學輔導研究所碩士論文。

蕭文、施香如（民 84）：循環發展的諮商督導模式建立之芻議。輔導季刊，*15*（2），34－40。

Donnelly, C. & Clas, A.（1992）. Training in self－supervision skills. *The Clinical Supervisor, 10*（2），85－97.

Stolenberg, C. D.（1981）. Approaching supervision from a developmental perspective：The counselor complexity model. *Journal of Counseling Psychology, 28*（1），59－65.

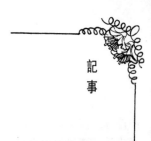

記事

19

如何使用及解釋測驗

張英熙

一、前言

目前在各級學校的輔導計劃裡都備有心理測驗實施的項目，心理測驗在學校輔導工作中，已是眾所皆知的常用工具。由於心理測驗可以幫助我們了解受測者的心理特質，預測其未來的發展，作為輔導診斷的參考，因此心理測驗已廣為應用在教育、社會、醫療、工商及軍事等領域中。然而一般人對心理測驗卻有二種常見的錯誤觀念（簡茂發，民79；葛樹人，民80）：其一是認為心理測驗可以毫無偏差地呈現受測者的心理狀態。這種過度信賴的把心理測驗的功能神話般地誇大，持這種看法的人可能認為智力測驗得分一百二十的學生一定比得分一百十五的學生更加聰明。實際上，心理測驗具有一般科學工具的特點，即測量的結果都具有誤差。生理上的測量都會產生誤差了，何況是心理的特質，在無法直接測量的情形下，以間接方式測量推論而得的結果，誤差就更無法避免了（郭生玉，民83）。再者，尚有其他影響測驗結果的原因，諸如文化、個體發展、作答說明清晰度、反應心向……等，因此我們對測驗的結果應持一保留而具彈性的看法。第二種對測驗的誤解，是憑測驗結果過度推論，而為受測者貼上不合適的標籤，以為智力分數為九十的人就是笨，將來必然沒出息。對受試者而言，這類標籤無疑是一種傷害。這類的問題乃緣於測驗的誤用，若由受過訓練的人員來實施測驗，將可以避免許多誤用而生的問題，可以對測驗結果作出有意義的解釋，使心理測驗可以發揮最大的功能。本單元將介紹心理測驗實施過程的注意事項與解釋測驗的原則，影片中將為讀者示範正確的作法。

二、使用心理測驗的正確認識

正確使用心理驗的第一步是使用前應有所準備。基本上，心理測驗是一種資料蒐集的工具，可用來測量人們各種行為或特質。與一般的測驗不同的是心理測驗通常都具有客觀化、系統化、計量化與標準化的特徵。由於心理的特質無法直接測量，故推論中所產生的誤差是必然存在的。只要這誤差尚在可接受的範圍內，這份心理測驗就可以幫助我們收集到所測量的心理或行為特質。儘管心理測驗已廣為應用，但並非是唯一收集心理行為特質的方法。面談、繪製家族圖、觀察、文獻蒐集……等方法，都可以使我們獲得案主的資料。如果能同時使用二、三種方式收集資料，相互補充或修正，所得結果必能更接近事實。故使用心理測驗時，沒有必要放棄其他方法，相反的若能由其他資料中獲得佐證，將使測驗結果得到更合適解釋。從另一方面來看，若測驗所得的資料，只不過是重複那些我們已知的訊息，那麼使用測驗的價值就不高了（陳秉華，民82）。

三、心理測驗的種類

心理測驗的種類很多，各有不同的測驗主題，我們應先了解該測驗所能收集的內容，分辨測驗的性質與用途（周清蓮，民79），唯有如此才能針對使用者的需要，選出合適的測驗來。確實認識測驗的功能與測量的內容，才能根據所測量出來的心理特質作出適切的解釋，避免作錯誤的推論。以下簡要地介紹四類心理測驗：

(一)智力測驗

智力測驗是用來測量受測者潛在能力的測驗，亦可名爲心理能力、普通能力或學術性向測驗等（郭生玉，民83）。由於對智力的定義不同，不同的測驗所測量的心理能力也互異，使用者必須透過指導手册及測驗試題才能了解該測驗所測量的心理能力爲何。一般而言，這類測驗在測量語文、理解、記憶、算術、推理、圖形、空間關係等能力。

(二)性向測驗

性向指個人從事某類活動，或在某領域中所具有的潛在能力（葛樹人，民80），例如音樂、美術、技能及創造力等。有些性向測驗包含數種能力的測量，稱之爲綜合性向測驗；有些則專測某一種能力，稱爲特殊性向測驗。

(三)成就測驗

成就與性向測驗都是測量能力的，但前者所測爲已獲得特殊的學識與技能，代表學習的成果（郭生玉，民83；葛樹人，民80）。此外另有診斷測驗可以用來發現學生學習程中所發生的錯誤類型，作補救教學的參考。

(四)人格測驗

我們假設人的心理行爲特質有一種持續穩定的傾向，即是所謂的人格。人格測驗乃測量情緒、動機、態度、興趣、人際關係與自我概念（郭生玉，民83）。這類的測驗不在了解受測者最佳的表現，而是要發現其典型的反應，因此沒有所謂的正確答案（葛樹人，民80）。測驗結果能否表現出受試者的眞正情形，端視受試者是否能誠實的回答，因此更需要了解受試者作答過程，才能正確地解釋測驗的結果。

四、如何實施測驗

　　為發揮測驗的功能，使受試者蒙受其惠，施測者在過程中應注意以下事項：

(一)心理測驗實施的決定

　　通常心理測驗的實施，可能出自於案主主動要求測驗，或是案主的父母、配偶、老師提出要求（柯永河，民82）。此外也可能是配合學校的心理測驗計劃，或是輔導老師在諮商過程中判斷需要以心理測驗收集案主的資料。因為不同的受測情形，受測者的動機水準與期待也不同。受測者的心態與心理準備將明顯地影響其參與作答的過程。影片中的輔導老師，在決定使用測驗之前，先有一段與案主談話，就在確認受測者受測的目的，輔導老師根據案主的目的決定測驗的種類。

(二)施測前

1.說明施測的目的
　　使受測者了解測驗種類與特性，提高其參與的動機與心理準備。

2.約定時間
　　每一種測驗所需要花費的時間不盡相同，施測者應事先向受測者說明施測所需要的時間，並預訂計分解釋的時間及方式（個別或團體）。由於週末或放假前夕心情較為浮動不宜安排施測，郭生玉（民83）認為上午時間最合適作測驗。

3.準備測驗工具
　　預備足夠的題本與答案紙。

255

4.閱讀測驗指導手冊

測驗的種類繁多，除了經常使用的測驗外，對偶一為之的測驗，施測者應事前重新閱讀指導手冊，才能充分掌握施測的流程，協助受測者順利完成作答。

5.安排施測場地

施測場地需要通風、採光良好，最重要的是要安靜，使受測者能心無旁騖專心作答。團體施測則要注意場地不可太過擁擠。

(三)施測中

1.說明施測目的，建立良好關係

唯有施測者取得受測者的合作，且能依指導語作說明時，測驗的結果才會有意義（葛樹人，民80）。以和善的方式與受測者建立關係，說明心理測驗的目的乃是要協助他們了解自己。若是人格、興趣、態度測驗則可以向學生說明這不是考試，沒有所謂的標準答案，只要誠實地作答即可。

2.說明時間安排

有些測驗作答有時間的限制，應先告知受試者，此外測驗的時間安排，以及計分解釋的時間也應先讓受試者明白，以免在團體施測時有人頻頻發問，干擾他人作答。

3.先發答案紙後發題本

請受試者先填寫基本資料，以免遺忘而致無法辨認。發題本前向受試者說明題本將再回收重複使用，勿於題本上作任何記號，保持清潔。

4.宣讀指導語

為求每一位受試對填答方法有相同的了解，施測者應依照測驗上的指導語大聲宣讀。並詢問受試者是否了解？請受試者在作答的過程中若有問題可以舉手，而不要相互討論，輔導老師會個別解答。

5.觀察作答過程

受試者作答態度往往於作答的過程中可以看出來，對於無心作答的受試者應予鼓勵（郭生玉，民83），對於作答中的特殊情形應作記錄，作爲解釋分數的參考。

㈣施測後

應先收答案紙再收題本，並清點數量。

五、解釋測驗的四種類型

在諮商中應用測驗時，解釋是十分重要的一環。解釋測驗的目的在把測驗所顯示出來的資料予以整理、分析及詮釋，以協助受測者自我了解、解決問題，及做決定或計劃（牛格正，民80）。郭生玉（民83）認爲測驗的分數可以有四種不同類型的解釋，筆者認爲各類型的解釋可依需要，運用在諮商中的不同階段中：

㈠途述性的解釋

描述受試者的心理特質。是理智的或感性的？智力程度屬高、中、低？自律性及控制慾如何？價值觀的排序爲何？

㈡溯因性的解釋

從測驗的結果找出導致受試者目前狀態的原因。如學業成績低落是因缺乏讀書技巧，或因能力不足？還是因爲情緒波動過大，易受干擾無法專心？人際關係不好的原因是因爲控制慾過高令人受不了，或是太內向，不敢表達自己的心意。這類的解釋可幫助受試者洞察自己困擾的原因。

(三)預測性的解釋

受試者在數理或文史方面較容易獲得成就？憂鬱加上內向敏感的特質，可預測受試者在重大壓力下會萌生自殺意念。

(四)評斷性的解釋

依據上述幾項解釋，作價值的判斷或決定：如編班，高中生選組、選系，選擇職業或工作角色。這類的解釋尤需充分的資料支持，以避免流於主觀或武斷。

六、解釋測驗的方法

心理測驗所得的分數，並沒有絕對的零點，分數的意義乃在與他人比較時才能表現出來。某同學身高 154 公分，算高還算高或算矮？若與該班同學身高比較，發現是第三高，那我們可以說他是高個子；若比較結果發現是倒數第三高，那我們就可以說他是矮個兒。我們若以該校學生、全台灣、不同年級、不同性別的學生為對象，那麼情形又不同了。一般可據以比較的標準謂之常模，常模是該心理測驗作為比較的樣本團體。有了常模後，就可以對照找出所得分數的意義了。有的測驗中含數個分測驗，這種情形下，各分測驗的結果除了可以與參照常模解釋外，也可以相互比較以發現新的意義。

七、測驗解釋的流程

對於主動要求測驗的案主，參考Folds與Gazda（鄭麗

芬，民82）的看法，加上實務上的經驗，整理出以下較為完整的測驗解釋過程，分為十個步驟，大致是按著解釋的流程排列，但仍具彈性。在影片中，輔導老師對每一個步驟都作了示範：

1.建立關係。
2.了解、澄清受測者的動機與目的。
3.說明測驗的特質與限制。
4.由當事人先自行預測。
5.說明受測者得分的意義。
6.比較預測與實際得分的差異。
7.連結案主測驗的結果與生活適應的問題。
8.討論與建議。
9.摘要。
10.決定是否進一步進行輔導。

八、解釋測驗的原則

受試者有權利知曉測驗的結果，而諮商員也有責任告知。牛格正（民80）指出，讓人做測驗而不處理測驗的結果，不予解釋，這種情形是極不合理的，也是一種欺騙的行為。在教育及助人的領域中，我們更應該尊重人的尊嚴與權利。

(一)解釋測驗應由受過訓練的人員負責

每一位解釋測驗者應受過心理測驗的理論訓練，理由之一乃施測者必須掌握該測驗編製的目的與獨特的功能，了解其信效度與常模是否得當（郭生玉，民83），確認該測驗所測的行為或特質為何（陳秉華，民82）。同樣是自然科成就測驗，有的主要測量術語記憶情形，有的側重理解與應用。

解釋者應了解測量的內容，才不會只根據測驗的名稱泛泛論之（陳英豪、吳益裕，民81）。心理測驗的種類繁多，諮商員不可能每一種都十分熟練，但對他所使用的心理測驗應具備相當的知識，才符合使用心理測驗的倫理（牛格正，民80）。理由之二是，解釋測驗的過程並非固定不變，而是要鼓勵受測者參與，避免解釋者主觀、權威的判斷或建議，造成受測者的依賴（陳斐娟，民82）。由專業人員負責，才能避免測驗結果的誤解錯用。

㈡解釋時必須考慮受試者的身心狀況與家庭文化背景

受試者是否能充分了解測驗的內容？是否因文化上的差異而影響測驗的結果？受試者於填答時是否有特殊身心的狀態（郭生玉，民83）？心理測驗結果可信的程度還要看受試者作答時的態度而定（柯永河，民82），此外受測者的背景（性別、年齡）也可能影響測驗的結果（陳斐娟，民82）。

㈢測驗的解釋需考慮使用測驗的目的

每一個使用心理測驗的人都有個別不同的原因，在資料收集和解釋上的要求也不相同，有些可以由測驗分數上找到答案，有些則需要加上非測驗的資料（面談、觀察……等）的綜合分析才能做出適當的解釋（葛樹人，民80）。解釋測驗結果的方法並非一成不變的，不同的目的將影響測驗解釋的方法與重點。如何將測驗結果應用在諮商中，使案主受益？筆者認為在實施測驗之前應與受試者會談，確認其動機與需求以決定施測的目的，並據以作為解釋時重點的選擇。柯永河（民82）亦認為良好的測驗解釋要領之一，乃是要根據測驗所得，回答受試所提的主要問題，一個懷疑自己心理不正常的受試者，解釋時則不可忽視常態範圍的分數，以及那些優於一般人的心理特質。在影片中，輔導老師參考案主的問題，在解釋測驗分數所代表的心理特質時，也引導案主

看看這種特質對他問題的影響，就是本原則很好的應用。

㈣測驗的分數應以一段可信的範圍作解釋

因為受測者在不同時間的測驗表現是會有出入的（陳秉華，民82），解釋測驗分數時不應以「特定的數值」來解釋，而以「一段分數」來解釋（陳英豪、吳益裕，民81；郭生玉，民83）。每個測驗結果都受誤差的影響，我們不應把測驗所得的分數絕對化。較合宜的作法是將測驗所得的分數加減一個標準誤差來看，以一段分數、一個範圍來看受測者的表現。

㈤要注意受試者對結果的了解程度

測驗所得分數的意義，都是在比較之下產生的。單單分數本身並不能產生意義。對於受試者而言，只知道自己的測驗分數，並不能增加其自我了解，反倒可能會發生誤解，而使受試者對自己有錯誤的看法。由於受試者並不了解心理測驗的理論，解釋者務必說明測驗分數所代表的意義（郭生玉，民83）。解釋者除了不應只告知測驗分數之外，還要在解釋過程中隨時注意受試者對結果了解的程度，解釋者可詢問受試者是否了解結果的意義，亦給予發問的機會，適時補充，在解釋後為受試者作一簡要的摘述，以增加印象（陳斐娟，民82）。在影片中，輔導老師常以詢問的方法，了解案主對測驗解釋的看法，也因此對案主的疑惑有澄清的機會，減少誤會發生。

㈥解釋測驗分數時應參考其他資料

測驗並不是瞭解學生的唯一途徑，若能參考其他資料，則能加增解釋的正確程度（陳英豪、吳益裕，民81；郭生玉，民83）。測驗結果的解釋應力求正確客觀，避免偏見（牛格正，民80），因此參考其他資料作修正與補充是很

重要的。一般而言，解釋者若可以在施測前與受測者會談，了解其背景、能力、困擾、心理需求、過去生活經驗、測驗動機……等資料，解釋就更能貼近受試者的狀況，使測驗的結果在助人工作上發揮較大的功能。

㈦測驗分數應為受試者保密

助人專業極為重視測驗資料的機密性，因測驗結果乃為個人的隱私，專業人員負有保障受試者個人資料安全的責任（牛格正，民80）。測驗結果代表一個人的心理狀態，應受到尊重。分數不宜以公告週知的方法為之，也不應該讓與輔導無關的人員知道，避免對受試者造成傷害（郭生玉，民83）。

㈧對不利受試者的測驗結果應謹慎解釋

由於心理測驗是科學的工具，一般人難免會認為測驗結果是很具權威性的，因此對於不利受試者的結果，解釋時要格外的小心。對於一個智力得分八十的受試者，我們不應說：「你智能不足。」這種說法可能會使受試者認定自己愚笨無比，造成心理上無法抹滅的傷痕，尤有甚者則以此為理由自暴自棄，不再作任何努力。我們可以說：「這個分數表示你的學習的能力比一般同學低了一點，但是有些像你這種分數的學生，因為好好努力而有不錯的表現。」（郭生玉，民83）。對於那些盡力作答，而結果卻不理想的受試者，若秉實以告恐怕將傷其自信，諮商員可以不要把測驗的結果一股腦地呈現在受測者面前。柯永河（民82）建議，先就其優點部分作解釋，缺點部分則可以延後伺機說明，待有更多的資料，了解受試者的實際狀況，確認其缺點的意義後再討論之，或者在知道如何善用該缺點時才把它當作重點討論。

㈨測驗結果僅能作爲決定時的參考

算命先生可以鐵口直斷，而心理測驗的結果則是提供客觀資料，只能作爲受試者做決定的參考。解釋者在作建議時應前根據測驗資料，以尊重受測者的態度與之討論；當受試者的數理能力遠高過語文能力時，解釋者不應說：「你應該從文組轉理組。」「你不應該讀文學，而應該念理工。」（郭生玉，民83）儘管測驗所提供的資料十分科學、客觀，解釋者也不應越俎代庖，以測驗結果作爲決定的唯一基礎，而應考慮受試者的經驗、期望、家人看法、價值觀……等其他條件。爲了避免受試者對測驗結果以誇大的方式詮釋，在解釋之前應向受試者說明測驗資料的價值與限制（陳斐娟，民82）。

㈩解釋乃是一種互動的過程，應了解受試者的反應

測驗的功能雖多，最重要的目的是要協助受試者。因此要十分注意解釋測驗結果的過程能否使受測者得到幫助，不要反使受試者因我們的解釋而變得更糟糟。測驗解釋並非是一種機械化的過程（陳秉華，民82），而是一解釋者與受測者的雙向交流（陳斐娟，民82）。在影片中解釋測驗的過程，都很注意案主的參與、投入，讀者可以看出這種作法將爲解釋的過程帶入活力。葛樹人（民80）認爲受試者若無法接受測驗的結果，就更不會去執行輔導人員的建議，如此實施測驗所欲改善或解決問題的努力可謂徒勞無功了。因此在解釋的過程中，解釋者要了解受試者的感受，鼓勵他討論填答時的心理感受，過程中的困難，以及對自己表現的看法（陳斐娟，民82）。郭生玉（民83）認爲解釋後可以詢問受測者的感受，鼓勵他表達對測驗結果的看法，發現有無誤解或負面的效果，並適時地進行諮商。當受測者不能接受測驗的結果時，輔導員可與其討論結果是如何與其想法不同，

找出其中可能的原因，必要時可以拿出試題，瞭解受試者當時是如何詮釋試題，是如何作答的，如此則可能有新發現（陳秉華，民82）。

(二)愼選解釋的用詞

比起獲知人格測驗結果，獲知智力測驗結果較易引起受試者情緒反應，因爲智力測驗結果的用詞較富批判性，柯永河（民82）指出不管那一種測驗的結果，解釋者盡量少用，且最好不用具價值批判的用語，而改用中性的用詞。此外也要避免使用專業的術語，而要以清楚的、簡明的、受試者可以了解的字詞來說明。

(三)解釋後應加上建議與追蹤

柯永河（民82）認爲測驗解釋者若能根據測驗結果對受試者提出具體可行的建議，那麼測驗的功能也就眞正落實了。他指出對於測驗結果中的優點，解釋者應提供善用這些優點的建議；而缺點部分，除了正確的解釋外，也要給予些彌補性的建議；葛樹人（民80）更進一步地指出，心理測驗工作不應止於解釋，而要針對施測原因，對受試者提供建議，並且要協助建議能有效執行，並定期評估成果，如此才能稱爲完整的測驗服務。在影片中，輔導老師參考案主的問題與測驗的結果給案主一個具體直接的建議，是一個值得參考的方式。

九、結語

心理測驗在正確的使用下，可以提供受試者了解自己的客觀資料，也有助於輔導工作的進展。從決定施測、選擇測驗種類、執行施測的過程，輔導員都需專業知識，並要注意

細節。在測驗解釋部分，解釋者除了具備測驗的專業知識外，其相關的心理學知識愈豐富，諮商的知能愈精熟，解釋的經驗愈多，解釋也就更加地深入與實用。

➡參考書目

牛格正（民80）：諮商專業倫理。台北：五南圖書公司。

柯永河（民82）：如何把測驗結果有地落實在輔導過程中？測驗與輔導月刊，*117*，2376－2381。

周蓮清（民82）：如何適當使用心理與教育測驗。測驗與輔導月刊，*98*，1944－1946。

陳秉華（民82）：心理測驗在輔導上的應用。測驗與輔導月刊，*117*，2386－2389。

陳英豪、吳益裕（民81）：測驗與評量。彰化：復文出版社。

陳斐娟（民82）：測驗在大學生生計輔導上的解釋與應用。測驗與輔導月刊，*119*，2180－2181。

郭生玉（民83）：心理與教育測驗。台北：精華出版社。

葛樹人（民80）：心理測驗學。台北：桂冠圖書公司。

鄭麗芬（民82）：測驗解釋在諮商中的應用。測驗與輔導月刊，*117*，2396－2398。

簡茂發（民79）：心理測驗的應用之道。測驗與輔導月刊，*98*，1942－1943。

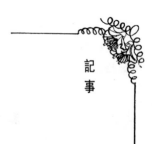

記事

教師心理衛生

林杏足
管秋雄

一、前言

當教育成為新聞上了電視或是報紙頭版，看似教育問題再次受到大眾的重視，而內容盡是校園暴力，有老師體罰學生、學生砍殺老師、家長打老師、老師告家長、性騷擾、吸毒、勒索恐嚇、自殺等等。面對這些問題，教育改革的聲音，從民間的大肆撻伐，到政府邀請專學者集思變革之道，無不希望能解決目前的困境。

任何一位教育工作者，在自己的工作崗位上或是從大眾傳播媒體的報導，可以很深切地感受到隨著社會的變遷，教師不再是單純地從事「傳道、授業、解惑」就能符合社會的期許；傳統「經師、人師」的角色任務似乎也跟不上這群新新人類難以捉摸的價值觀。

做為一個教師要如何因應來自各方的衝擊，好讓自己不會因承受過多的壓力而影響自己的生活品質及教學效果，已然成為現代教師不可或缺的能力。所謂教師心理衛生正是以此為出發點，將教師視為一個「人」來對待，消極面用以關切其心理適應，積極面則思考如何增進教師的心理健康。

本單元的目的在探討影響教師心理衛生的相關因素，及增進心理健康的各種策略。希望透過影片與本文的說明，能讓各位老師在為工作、教學忙碌、操心的同時，整理一下自己的經驗與生活，從中尋求調整自己生活的方法，期使每位老師能有更自在的心情，更建設性的作法投入教學與生活，做一個均衡的現代教師。

二、心理衛生的定義

心理衛生，其實就是個人了解並獲致心理健康的過程（張春興、林清山，民73）。因此，在討論心理衛生時，心理健康常是意義相近的替代用語。如果要仔細地區分的話，心理衛生強調的方法與過程，而心理健康則是指個人在生活適應上所欲追尋的一個目標。

一個心理健康的人，並不是沒有任何心理上的困難或免於生活上的任何壓力，而是當個人處於有壓力的狀況下，能在生理、心理（情緒）與社會等方面的維持良好狀態。此種良好狀態並非是靜止不動，而是一種平衡狀態。

怎樣的人才算是心理健康的人呢？綜合學者們的意見，心理健康的人在行為大多有下四項特徵（賴保禎、簡仁育，民73；黃堅厚，民73；白博文，民75）：

1.明確的自我概念

對自己有適當的了解和悅納的態度，並願意努力發展其潛能，對於無法補救的缺陷，也能安然接受。

2.和諧的人際關係

樂於與人交往相處，對人的態度常是正面的態度（如喜悅，信賴）多於反面的態度（如懷疑，憎惡），並能夠與人建立良好的關係。

3.對工作有適切感和勝任感

樂於工作，能將本身的智慧、能力在工作中充分表現，能從工作中獲得滿足。

4.能與現實保持良好的接觸，並能作健全有效的適應

對生活中所遭遇的各項問題，能運用確實有效的方法謀求解決，而不企圖逃避。

教師的心理衛生即為教師獲得心理健康的方法。由於教師在一般社會中具有特別的地位，且一位教師在學校裡可能同時扮演著許多角色，因此在社會期許及多重角色的狀況，一位心理健康的教師除要符合上述四種特徵之外，尚須有下列條件（彭駕騂，民67）：

1.一位心理健康的教師，必然尊重他的學生。
2.一位心理健康的教師，知道如何建造師生之間的溝通。
3.一位心理健康的教師，衷心地接納每一個學生。
4.一位心理健康的教師，積極的關懷學生的需要與困擾。
5.一位心理健康的教師，對於學生的態度是自由而不放任。

　　教師要能達成上述條件，獲致心理健康之道，首要之務不在要求學生順應教師，而是在於教師如何採取有效的行動或策略，也就是所謂的有效的適應或是調適。

　　所謂適應，根據Kaplan與Stein（1984）的說法認為它是個體利用各式各樣的技巧或策略，企圖駕馭、超越生命中各種挑戰的一種過程。他們並提出健康適應的操作性的定義：第一、健康的調適包含瞭解自己的需求；第二、健康的調適包括對人類生命的尊重以及對他人權力的察覺；第三、健康的調適是具彈性的與容忍的，並且能從不同的選擇中作決策，而非僅僅對可接受的正常方式作反應而已。

三、影響教師心理健康的主要因素

　　心理健康乃由生活壓力之多寡、適應能力之強弱、社會資源之多寡等三個主要因素來決定（柯永河，民82），其內容分述如下：

㈠教師的生活壓力

對於從事教學工作者除了一般成人所共有的生理問題、經濟問題、人際問題、感情問題及心理問題所產生的生活壓力之外，尚須承受教師特有的生活壓力。

蔡先口（民74）曾對台北市國中教師壓力作過調查，發現其因素爲：(1)與學校行政人員的關係；(2)學生課業學習方面；(3)角色方面；(4)工作負荷；(5)學生的不良行爲；(6)教師的專業發展。

張春興與林清山（民73）則指出在研究教師心理健康問題時，主要是探討教師在社會角色上所產生的心理衝突。他們認爲教師的心理衝突源於教師所扮演的多重社會角色的衝突，此種角色衝突有以下幾種：

1.角色期望與教育現實之間的衝突。

2.不同參照團體的角色期望之間的衝突。

3.多重角色期望之間的衝突。

4.教師人格特質與角色期望之間的衝突。

5.角色期望與個人動機之間的衝突。

王秋絨（民70）曾研究教師角色壓力，將之分爲三個層面：(1)角色不明確；(2)角色的過度負荷；(3)角色的衝突。

由此可知，教師此一職業所面臨壓力的多元性，除了本身的專業方面所延伸的壓力，尚須面對源於教師角色所產生的角色期待與角色衝突的壓力。

㈡教師本身的適應能力

不管我們是從教師特有的生活壓力或者從角色衝突的觀點來談論教師心理健康，基本上這些只是說明教師所面臨的特殊壓力情境而已，而影響教師心理健康更重要的因素莫過於教師本身在面對壓力時的適應能力。

所謂的適應能力是指面對、分析、處理、解決、應付、忍受、接受生活問題或壓力的能力，而此項能力是一般智力、特殊性向、常識以及各種良好習慣的總稱（柯永河，民82）。

Adams 則從壓力的來源、壓力的調適以及壓力的反應對日常生活的影響來探討。他指出壓力來源包括個人因素、環境因素與支持系統的質與量。而壓力的調適則包含自我調適、組織結構與功能的改變、支持系統的建立與利用（藍采風，民75）。其中個人的因素便涉及教師面對壓力情境時的因應能力。

(三)教師的社會支持系統

社會支持系統係指個人在面對問題時，所能動用的各種資源，這些資源可包括人或是機構，經由這些資源的協助常能減輕問題的嚴重性，透過支持網絡也可以滿足個人對人際關係及隸屬感的需求（柯永河，民82；藍采風，民75）。因此，在面對壓力情境時，可利用社會支持系統來調節該壓力對個人的影響。個人平時所建立與運用的社會支持系統，將有助於個人控制壓力情境以降低壓力，對個人心理健康的影響是很有貢獻的。

藍采風（民75）指出個人若有了滿足的支持網絡之後，心理上自然具有安全感、歸屬感和被接納感。他同時指出在個人的生活中具有四方面的支持網絡：

1.家庭

提供情緒的支持。

2.工作

使我們感到有用且具生產力，並協助自我發展及建立規律之生活形式。

3.嗜好

可引導我們建設性的利用空閒時間。

4.社區參與

提供支持他人或接受他人之支持，並可促進個人的成長及再社會化。

四、維護教師心理健康的策略

教師本身是否心理健康將影響學生的身心發展和生長。教師一方面經由扮演各種角色而獲得需求的滿足和自我實現，一方面可能由於角色間的衝突或工作所帶來壓力過重的問題，而在適應方面造成不良的影響，因而形成心理不健康而嚴重傷害學生的身心發展。因此，教師該如何維護個人心理健康為教師心理衛生中的重要課題。

教師在從事教學工作時難免有工作上的壓力。教師的壓力因素，除了一般人所共有的生活壓力之外，尚有其獨特的壓力因素。王以仁等人（民83）指出教師的壓力因素除了學生的學習及不良行為外，尚有人際關係、角色、工作負荷及專業發展的壓力。因此為維護心理的健康，首先要認清壓力的來源是什麼，才能針對不同的壓力源採取適當的因應之道。

另外，身為一為教師首先培養對自己角色的接受與肯定，方能在工作崗位上有效且愉快執行教師的任務。以下提出教師在不同工作角色可以有的調適方法供作參考：

(一)與學校行政人員的關係

1.澄清彼此的角色以及雙方在學校中的角色定位。
2.針對事而非針對人，避免情緒的介入。
3.培養同理心的態度，換個角度去思考同一件事。
4.熟悉整個大教育環境的脈動，接納無法避免的事實。
5.保持愉快的心情，以樂觀的態度接受任務。

㈡學生課業學習方面

1. 檢討並改變自己的教材與教學方式。
2. 了解個別差異的現象與需求。
3. 欣然接受大班級教學的現實。
4. 體認自己是一位教師而非全能的上帝，接受自己能力所限，凡事但求盡心盡力。

㈢角色方面

1. 釐清自己的角色定位，以及該角色所賦予的角色行為。
2. 瞭解教師角色的期望與教育現實之間的衝突，坦然的面對與接受此種無法改變事實。
3. 調整不同參照團體對教師角色期望之間的差異。
4. 注意教師本身的人格特質、動機與角色期望之間的衝突。
5. 隨時隨地保持彈性態度，勿固著於某一個固定的角色之中。

㈣工作負荷

1. 檢驗自己對時間的安排是否適切，以較積極的態度去面對工作。
2. 再思考、體認教師工作的性質與任務。
3. 結交工作與休閒夥伴，一起分享彼此工作心得與成就、分擔憂慮、集思廣益。
4. 彈性安排自己的作息，工作與休閒並重。
5. 學習鬆弛技巧，藉著冥想以鬆弛身體，或深呼吸，適量運動以活動筋骨並紓解緊繃的精神。

㈤學生的不良的行為

1. 用冷靜的態度來面對學生問題，讓自己的情緒穩定，以

處理學生的不良行為。

2.瞭解學生深受到社會風氣與家庭結構的影響，學生的偏差行為的產生必有其緣由，須進一步深入了解。

3.體認傳統的教師權威已經瓦解，師生關係已經有了新的型態，教師要能接受學生的主動之需求。

4.以接納的態度面對學生的不良行為，以真誠之心表達對學生的關心。

5.瞭解自己的能力，對學生進行輔導。接受自己的不足，善用社會資源，適切做好轉介工作。

(六)教師的專業發展

1.多與同事們接觸，詢問可能的進修管道。

2.不斷的研究，充實自我，以引導自己並協助學生汲取最新的知能。

除了上述針對在工作中的角色可以有的因應策略之外，在本單元的影片中亦提供了教師可在生活中增進自己的心理健康的途徑，分述如下：

1.瞭解並接納自我

一個人的個性常會影響我們如何去面對壓力、面對挫折，乃至於調適壓力的方法與問題解決的能力。因此要有效地因應壓力，或是增進個人心理健康，就必須對自己有較清楚的認識與了解，例如影片中提到處理學生問題時，是否會太情緒化或太壓抑情緒；或是了解個人的嗜好等，才能尋求出有效的策略。同時，也因為自我的了解，進而承認並接納個人的限制，也可以讓自己不必過度承擔無法改變的事實，造成心理的負荷。

2.發展健康的態度

如影片中所描述的，對學生的行為能夠有彈性地用不同的角度與心情去了解或是欣賞，或許可以避免威權式管教所

形成的兩極對立；用開放的態度和幽默感來化解可能的衝突；在面對既有的教育制度的問題時，調整心態接受教育的現實與限制，在有限中尋求可以努力的部份或是針對學校行政上的要求也可用積極的態度當作是個人的歷鍊與充實。很多時候，我們並不是被某一「事件」困擾，而是讓我們對那件事情的想法或看法所困擾，因此，改變我們對事件的看法，反而可以讓個人得到心靈上的平靜。

3.積極的拓展人際關係，以建立良好的人際支持網絡

在前文有提到人際支持系統對面對壓力的效用，因此，在生活中細心地發現已經存在的支持網絡加以維持與善用，更可以在工作中、生活上積極的拓展人際關係，一則可交換工作的的教學心得，二來可分享生活中的點點滴滴。

4.選擇並從事適當的休閒或社會活動

從事休閒或是社會活動與拓展人際支持網絡有極高的相關。透過嗜好與休閒活動可以結交興趣相投的伙伴，更可舒展我們的身心，達到放鬆的效果；而參與社會性活動，如影片中的義工，可以讓自己再尋成就感與能力感，更可獲得相互的支持。

5.參與在職進修，增進個人的因應能力與教師專業能力

在因應的能力部份，有許多的自助性書籍可以提供教師一些有效的因應方法；針對教師也有許多的工作坊或是研習會，如「教師壓力管理工作坊」、「教室經營工作坊」、「師生溝通研習會」、「輔導學生的知能研習會」之類的進修管道，如能配合學校與個人的需要參加，不僅可增進個人的因應能力，也可以間接輔助教師專業能力的發揮。

6.必要時，尋求專業輔導人員的協助

一旦生活中的壓力過大，致使生活或是教學產生較大的障礙時，最好能藉由專業輔導人員的協助來幫助個人度此一關卡。教師在認知上應接受：不論扮演何種角色，每一個

在整個生命的歷程中，可能會在某些時刻，某些事件上是會

需要別人的幫助，而專業輔導人員則是其中的選擇。

五、結語

　　教師心理健康之維護並非完全只靠教師本身單方面的努力即能達到目標，必須學校以及社會共同努力，如學校方面必須提供教師一些社會資源以供教師利用，舉辦一些有關心理衛生的講座以利教師學習有關心理衛生的知識並學習增進心理健康的方法。至於社會方面最重要的莫過於調整對教師的限制與要求，例如，以往大家常認定教師應該具備完美的品格與道德，甚至是一個毫無瑕疵的聖人，認為教師應該是博學、明辨、愼思的通才，認為教師是萬能的，認為教師容易養成偏見、獨斷性格，因而不易與人和睦相處等。而這些限制與要求，常是造成教師心理不健康的原因（彭駕騂，民67）。因此，社會方面或許應該改變一下傳統上對教師的看法，畢竟教師也是人而不是神，其心理衛生的需求亦應獲得適當的照顧與滿足。

↓參考書目

王以仁、陳芳玲、林本喬（民83）：教師心理衛生。台北：
　　心理出版社。
王秋絨（民70）：國民中學組織環境對於教師角色壓力的影
　　響。國立台灣師範大學碩士論文。
白博文（民75）：心理衛生與教育。高雄：復文書局。
柯永河（民82）：心理治療與衛生。台北：張老師出版社。
彭駕騂（民67）：教師的心理衛生。台灣省：省政府教育廳
　　編印。

張春興、林清江（民73）：教育心理學。台北：東華書局。

蔡先口（民74）：國民中學教師工作壓力和專業態度的關係及其相關因素之研究。國立台灣師範大學輔導研究所碩士論文。

藍采風（民75）：生活的壓力與適應。台北：幼獅文化事業。

賴保禎、簡仁育（民73）：心理衛生，頁280-284。中國行為科學社。

Kaplan & Stein （1984）. *Psychology of adjustment.* Belmone California： Wadsworth Publishing Company.

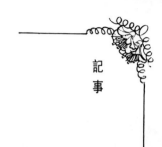

記事

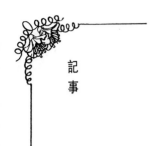

記事

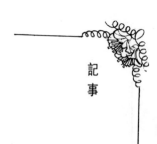

記事

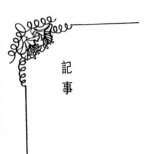

記事

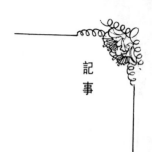

記事

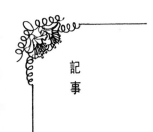

記事

有聲圖書 23302

諮商實務有聲圖書（一）學習手冊

總 策 畫：蕭文

總 編 輯：林敬堯

發 行 人：洪有義

出 版 者：心理出版社股份有限公司

地　　址：台北市大安區和平東路一段 180 號 7 樓

電　　話：(02) 23671490

傳　　真：(02) 23671457

郵撥帳號：19293172　心理出版社股份有限公司

網　　址：http://www.psy.com.tw

電子信箱：psychoco@ms15.hinet.net

駐美代表：Lisa Wu（Tel: 973 546-5845）

印 刷 者：玖進印刷有限公司

初版一刷：1995 年 11 月

初版四刷：2010 年 3 月

I S B N：978-957-702-153-3

定　　價：新台幣 200 元